結婚したのに
幸せでないと感じる
すべての妻に！

神ダンナのトリセツ

著：庭田真理子

神ダンナはだれの元にもやってくる

突然ですが、あなたが結婚前に想像していた結婚生活とはどんなものでしたか？

多くの方が、優しい夫とかわいい子どもに囲まれた、幸せいっぱいの生活を夢見ていたことでしょう。夫はバリバリ働いて、家事や育児、仕事で忙しいあなたを支え、家のことも率先して手伝ってくれて、さらに休日には家族でショッピングや行楽、たまには家族旅行も……。まさに、絵に描いたような〝神ダンナ〟とその家族の風景ではないでしょうか。

そしてあなたは、この人とならきっとそんな未来を築けるはず、と思って、ダンナさんと結婚したはずです。愛する人と幸せになるために結婚したのですから、当然ですよね。

しかし今、あなたの結婚生活は結婚前に夢見たとおりですか？
笑顔で毎日を過ごせていますか？

たぶん、胸を張って「はい！」「もちろん！」と即答できた方は少ないでしょう。

「夫は優しいし、家事や子育てにも協力的で、毎日が幸せです」

「結婚ってこんなにいいものだったなんて。なぜもっと早く結婚しなかったのか、過去の自分を問い詰めたい」

こんなふうに結婚に満足し、幸せを実感している方たちは、この本を手にすることはないでしょう。そういう人たちには、いまさら『神ダンナのトリセツ』なんて必要ありませんから。

あなたが現在、夫婦間に不満や問題を抱え、悩んでいるからこそ、この本の存在に気づき、手にとってくださったのだと思います。

あなたの夫も昔は神ダンナだった!?

人間の赤ちゃんは、生まれてすぐに自分の足で立つこともできず、世話をしなければ生きてはいけない、とても弱い存在です。そのため、女性は子どもを育てることにかかりきりになり、男性は自分のDNAを残していくためにも自分の子どもを産み、育ててくれる女性を守り、家族を養っていかなければなりませんでした。それは、今も男性の無意識に刻まれています。

自分の愛する家族を守りたい、守らなければという思いは、男性の変わることのない〝本能〟なのです。

ですから、夫たちはみな、あなたを「応援したい」し、「助けたい」、そして家族を幸せにするためにもあなたを「笑顔にしたい」と本能では思っています。

私のところに相談に来られる方は、みなさん

「つきあってた頃はいつも私の話を聞いてくれて、相談に乗ってくれたのに」

「昔はどんなに仕事が忙しくても、私に会うために時間をつくってくれたのに」

と、口々に過去のダンナさんがどんなにすてきな人だったかを語ります。

ところが、「あなたのダンナさんは、そもそも神ダンナだったのですよ」というと、驚かれます。

でも、あなたが「この人となら幸せになれる」と思って結婚したように、ダンナさんはあなたを「この女性を幸せにする！」「一生大切にする！」と心に決めてプロポーズをし、あなたと家庭を築いたのです。

今はケンカばかりの夫婦でも、かつては楽しく幸せな時間があったはずです。

あなたは、あんなに自分のことを大切にしてくれた夫がなぜ……と思っているか

もしれませんが、実は、その神ダンナを現在のような夫にしてしまったのはあなた自身なのかもしれません。

「結婚すれば幸せになれる」は幻想

多くの女性が、「大好きな彼と結婚すれば幸せになれる!!」と思っています。でも、悲しいことにそれは幻想で、結婚しただけでは幸せになれません。結婚はゴールではないからです。映画やドラマなら結婚＝ハッピーエンドで終わりますが、現実にはその後も人生は続きます。

しかも、結婚後の人生のほうがずっと長いのです。まして、今は人生100年時代です。結婚は、人生という大海原にあなたとダンナさん、二艘の小舟が漕ぎ出すようなもの。ゴールではなく長い旅路のスタートなのです。

たとえ同じ家で生活していても、夫婦はそれぞれ違う人生を生きています。一緒に暮らす以上、互いへの配慮は必要ですが、それは決して夫の機嫌をうかがい、相手に合わせることではありません。

ところが、「結婚すれば幸せになれる」と思って結婚したあなたは夫にすべてを委ね、依存し、自分の舟の操縦を放り出し、無理矢理夫の舟に乗り込んでしまった状態なのです。

操縦権を放棄したあなたはいつも夫の機嫌に左右され、振り回されているのです。そんな状態がうまく続くわけはありませんよね。

愛されるためにがんばっても報われず、被害者意識で毎日のように夫に不平・不満をぶつける……。実はそれは、かつての私の姿でした。

行き先は夫の舟と一緒でも、同じ舟に乗る必要はないのです。舟を並走させながら同じ目的地をめざし、疲れたときや困ったときは、隣にいる夫に助けてもらえばいいのです。

そんなことをして大丈夫？　一緒の舟を降りたらそのまま置いていかれてしまうかも……などと、不安がよぎるかもしれません。

でも、大丈夫。くり返しになりますが、あなたの夫は、本来はあなたのことを応援したいのです。私自身も、勇気を出して夫と行き先が同じ自分の舟に乗り込んだからこそ、今があります。

10年後も苦しいままか、笑顔で生きるかは、あなた次第

夫婦関係の改善サポートをしていると、多くの妻に当てはまるパターンがあります。それは、「夫はあなたを応援したいのに、肝心のあなたがそれに気づかず自分は愛されていないと思って、愛されるために1人でがんばりすぎている」ということです。

ストレスをためて不機嫌になっている妻より、笑顔で「ありがとう」と言ってくれる妻のほうが、ずっとかわいらしく、ステキに見えますよね。夫にとっては、それが何よりもうれしいことなのです。

もし、今のように不満やストレスを抱えたままでいたら、10年後にはどんな生

活を送っているでしょう？　相変わらずケンカばかりの生活？　あるいは冷え切った仮面夫婦？　そんな家庭では、子どもにだっていいわけありませんよね？

もしかしたら、10年後には家庭自体が崩壊しているかもしれません。

そんな未来を迎えないためにも、まずは、あなたが行動して夫婦仲を改善しましょう。そして、夫とともに10年後も笑顔でいられるようになりましょう！

あなたが夫の愛を受けとり続けることで、ダンナさんはだれよりもあなたを応援してくれる神ダンナとなるはずですから。

はじめに

深い深い沼に沈んでいても

私はそもそも年間300回夫婦ゲンカをする、モラハラ妻でした。仕事から帰ってきた夫を捕まえて、マシンガントークをしてました。今日1日、自分がどれだけたいへんだったか、どれだけがんばったか、私はこんなに一生懸命やってる！　でも終わらない、できないんだ！　と夫に毎日、毎日、言い続けていました。

最初は聞いてくれた夫も、さすがに疲れたのでしょう。「お前だけがたいへんなんじゃない！」「そんなにたいへんなら、お前が俺の代わりに稼いでこいよ！」と、怒鳴るようになってきました。

当時の私は、専業主婦。だからこそ、「家事育児を完璧にやらなくては！」という強い気持ちを持っていました。ですが、子どもが3人になった途端、どうしても自分の思ったようにはできませんでした。家事をやり始めると、必ず「ママおしっこ〜」と呼ばれ、その世話をしていると、次男が泣く、何をやっても中断されてしまう、どんどんたまっていく家事……、洗濯物を干すのがやっとでした。

しかも社会から遮断されたような生活。「だれからも必要とされていないのでは？」と、私という存在が忘れ去られたような不安、焦燥感もありました。「自分なんて、いる価値があるのか？」と、深い深い沼に沈んでいくような感覚でした。

女性は、夫婦仲が改善するとすべてが好転する

そんな悲惨な状態でしたが、今冷静に当時を振り返ってみると、だれも悪くないのです。私も夫もお互いの仕事を精一杯していただけです。夫は通勤1時間半をかけて、朝から夜中まで仕事をしてくれていました。家族のためです。私も子ども3人をちゃんと育てようと、懸命に努力していただけなんです。「お互いに

忙しくて余裕がなくて、寄り添う気持ちがなかった」だけだったのです。

今も、同じ思いをしている人も少なくないと、日々、相談に乗りながら感じています。ですから、1人でも多くの人にこの本を手にとっていただき、その沼から出て、自分自身を、夫婦、家族との関係をとり戻してほしいと思っています。

そして**妻として母としてだけではなく1人の女性としての生き方を見つけて、自分のやりたいことができる自分になってほしい**と思っています。**いつからでも、どんなときからでも、人は変われます。女性は特に、夫婦仲が改善すると、すべてが好転します。**

私が大きく変われたポイントは2つです。

1つが、心理学、カウンセリング、コーチングを学んだことです。私は、下の子が3歳のときに子育て指導員になりました。子育て中のママのサポートの仕事です。ですから仕事上「カウンセリングの知識が必要かも……」と思って軽い気持ちで学び始めました。あくまでも「サポートするため」という気持ちでした。

ところが、びっくりしたことに、カウンセラーの先生からのデモセッションを受けたら、大号泣！　なぜなら気づいてしまったのです。私が夫と毎晩ケンカをしていた原因は、私にもあったから。当時は、夫が全部悪いと思っていましたから（笑）。

「がんばってる自分が大好き！　がんばらない自分はダメ！　できない自分はダメ、弱い自分はダメ」というように、自分を自分でジャッジして**自分で自分を苦しめていた**のです。自分のことを深く知ったはじめてのできことでした。

“思考のクセ”を知る前と知った後の人生が激変

そこから、自分を知るための長い学びが始まりました。カウンセリング、心理学、コーチング……、目についたものはとにかく学ぼうと思いすべて学びました。

その当時「私には何もないから、とにかく自分に何かを入れないと」と思っていました（それも本当は大きな間違いなんですけどね）。

たくさんの学びの中で、大きく影響を受けたのが、ＮＬＰ（神経言語プログラミング）でした。ＮＬＰを学びはじめて〝思考のクセ〟の存在を知りました。**この〝思考のクセ〟こそが、夫婦仲を壊し、人間関係に大きく影響を与え、生きにくさを与えているもの**だったんです。ではその〝思考のクセ〟はいつから、抱えてしまったのでしょうか？　それは、幼少期の頃に抱えたものなのです。

夫婦関係に悩むとき、必ず紐解かなければいけないのが、自分自身の幼少期の体験です。そこに根本的な原因が隠れているからです。つまりあなたにその〝思考のクセ〟をつくってしまった両親のせいです。ですが、あなたのご両親もお父さん、お母さんから同じように育てられたのです。**だれも悪くない**のです。

１００％完璧な人間などいません。ですから**両親との確執を抱えている方も「許す」を選んでいただくと、あなた自身がラクになり、幸せに1歩も2歩も近づいていきます。**

そして私が変わったきっかけの2つ目は「感謝」について知ったときでした。あるとき、人から「庭田さんは感謝が足りないよね」と言われたことがありました。最初聞いた時はよく意味がわからなったのですが「**感謝」の本当の意味を知り、感謝ができるようになったことで、また夫婦関係がグッと変わった体験があります。**本書の中でも伝えているので、楽しみにしてください。

夫婦関係の悩みも含めて、**目の前の問題はあなたが幸せになる鍵です。それを解決したらもっと幸せになれるよと提示されている**のです。さらにあなたに起こる問題で解決できないことは起こりません。絶対に**あなたには解決できる力があります。**

諦めず最後までこの本を読んでいただいて、あなたのダンナさんを神ダンナにつくり替えてくださいね！　応援しています。

庭田真理子

もくじ

INTRODUCTION 神ダンナはだれの元にもやってくる —— 2

はじめに —— 12

第1章 あなたが結婚しても幸せになっていない理由

まんが がんばればきっと幸せになれる！ はず？ 妻・愛美が見ている世界 —— 24

私ってモラハラ妻？ 言動チェックシート —— 34

夫に愛される人と、愛されない人、何が違う？ —— 38

愛されない妻が抱えているストレス —— 44

どうしたら私の気持ちを夫にわかってもらえるのか —— 60

妻の座にあぐらをかくと夫婦関係は壊れていきます —— 62

会話なし夫婦になる理由 —— 66

夫婦関係を壊す最大の敵を知っておこう —— 68

妻の〝思考のクセ〟が、夫の浮気を引き寄せる —— 76

離婚の一番の理由はなんだか知っていますか？ —— 78

思いあたりませんか？　夫から愛を遠ざけている言葉 —— 80
COLUMN 感情はコントロールしようとするほど、抑えが利かなくなります —— 82

第2章 「俺と同じだけ稼いでみろよ！」夫が見ている世界

まんが こうして夫はモラハラ夫になっていった　夫・大輔が見ている世界 —— 84
威圧的な夫の深層心理、実は…… —— 94
夫はこんなときに結婚を後悔している —— 100
家事・育児をしたいのに断られる　令和夫の苦悩 —— 108
夫が離婚を口にする心理状態 —— 112
夫に離婚をしたいと思わせる妻の特徴 —— 114
離婚モードは妻次第で解消できる —— 120
性格の不一致は離婚すべき？ —— 128
「俺と同じだけ稼いでみろよ！」夫の撃退法 —— 130
夫婦ゲンカからの仲直り法 —— 136
サバイバルモードに効くハートコヒーレンス呼吸 —— 138

第3章

神ダンナがやってくるとってもかんたんな法則

まんが　がんばるのを止めたら夫が神ダンナになった！――144
「結婚＝○○」の○○にはどんな言葉が入りますか？――154
夫婦関係の悩みは天からのメッセージ――156
自分の人生は自分が創造主――158
「自分が嫌い」から「自分大好き」になる――160
夫婦関係改善のステップ――162
〝思考のクセ〟を改善しよう――174
夫婦関係を再構築するときに必要な具体的な心構え――180
夫を神ダンナに変える3つのポイント――184
男性と女性は話す目的が違う――190
夫には絶対に言ってはいけない5つの言葉――196
夫への不満が爆発しそうなときは――198
愛される妻は○○しない――200
実は、嫌われる妻の言動――202

夫に感謝しているのに効果がないとき――206
夫婦関係の改善はノウハウだけでは難しい――208
夫婦関係改善に逆効果なこと――210
別居を解消する方法――212
夫婦がうまくいく3つのルール――214
自分軸になる10のメリット――220
夫が神ダンナになるとどんなことが起こるのか――222

第4章 真理子先生教えて！ 夫婦の悩み改善例

「夫が嫌いでした」が大逆転！ Mさん40代女性――226
自分のことを初めて愛おしいと思えました。 Hさん30代女性――227
夫と一緒に飲みに行けるようになりました。 Oさん30代女性――229
「夫を信じきれなくて不安がよぎる」のをやめたい。 Kさん40代女性――232
「どうしてこんな人と結婚してしまったんだろう」と思っていたのに。 Yさん50代女性――234

おわりに――236

登場人物紹介

本書のまんがに登場する人物を紹介します。

愛美（まなみ）・36歳

結婚して10年。3児（蓮[男・6歳]、（樹[男・4歳]、凜[女・1歳半]）の母。夫の大輔とは2年間の交際期間を経て結婚。生命保険会社の正社員だったが、第三子妊娠中に切迫早産となり退職。大輔の仕事が年々忙しくなるなか、家事・育児はほぼワンオペ状態に。社会復帰をのぞんでいるが目途が立っていない。

大輔（だいすけ）・38歳

家電メーカーの営業マン。数年前に中間管理職となり仕事は多忙を極めている。結婚当初は「共働きだから」と、積極的に家事・育児を分担するようにしていたが、妻が専業主婦になったので、家事や育児は基本的に任せている。本人に自覚はないが、妻に小言を言われると、つい不機嫌になりモラハラ発言が出ることも……。

ママ友 遥香（はるか）・40歳

IT系の企業に所属し、フルリモートで仕事をしている。愛美の2人めの子ども（樹）と同じ保育園に通う男の子がいる。子ども同士仲良しなので自然にママ友に。年上でしっかりものの遥香に、愛美はお姉さんのような頼もしさを感じている。

真理子先生・年齢不詳

本書の著者。年間300回の夫婦ゲンカをしてきた自身の体験と心理学、コーチングの知識をベースに、1万人以上の悩める女性を笑顔にしてきた。

第 1 章

あなたが結婚しても幸せになっていない理由

「結婚＝幸せのスタート」と思っていたのは
遠い過去の記憶となり、気づけば、
思い通りにいかないことばかりで不満いっぱい、
イライラし通しの毎日。
やっぱり「結婚＝我慢」「結婚＝後悔」ということ？
もしそんなことを少しでも感じていたら、
あなたの幸せを阻む敵はどこにいるのかを探ってみましょう。

がんばればきっと幸せになれる！　はず？

妻・愛美が見ている世界

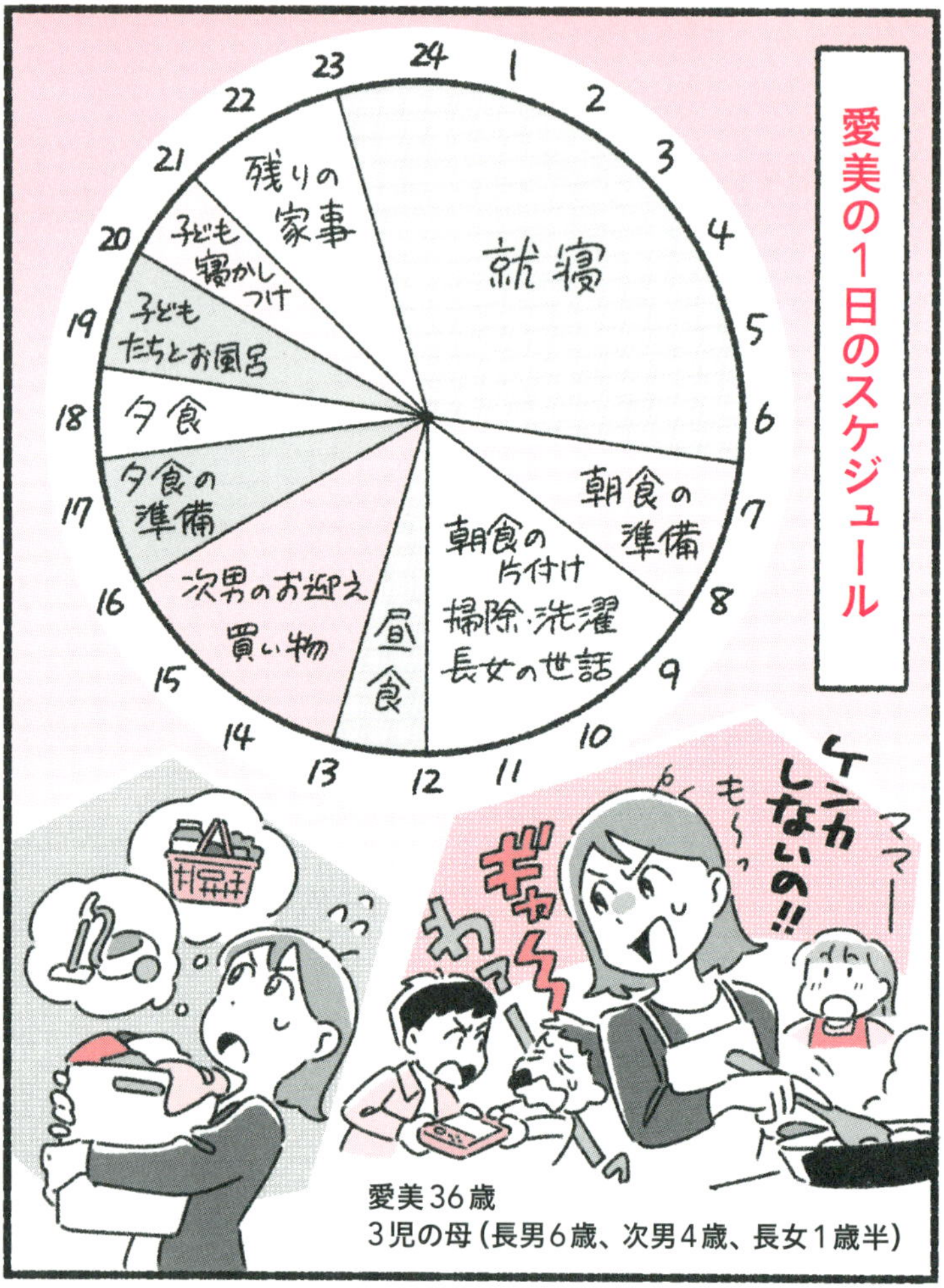

愛美36歳
3児の母（長男6歳、次男4歳、長女1歳半）

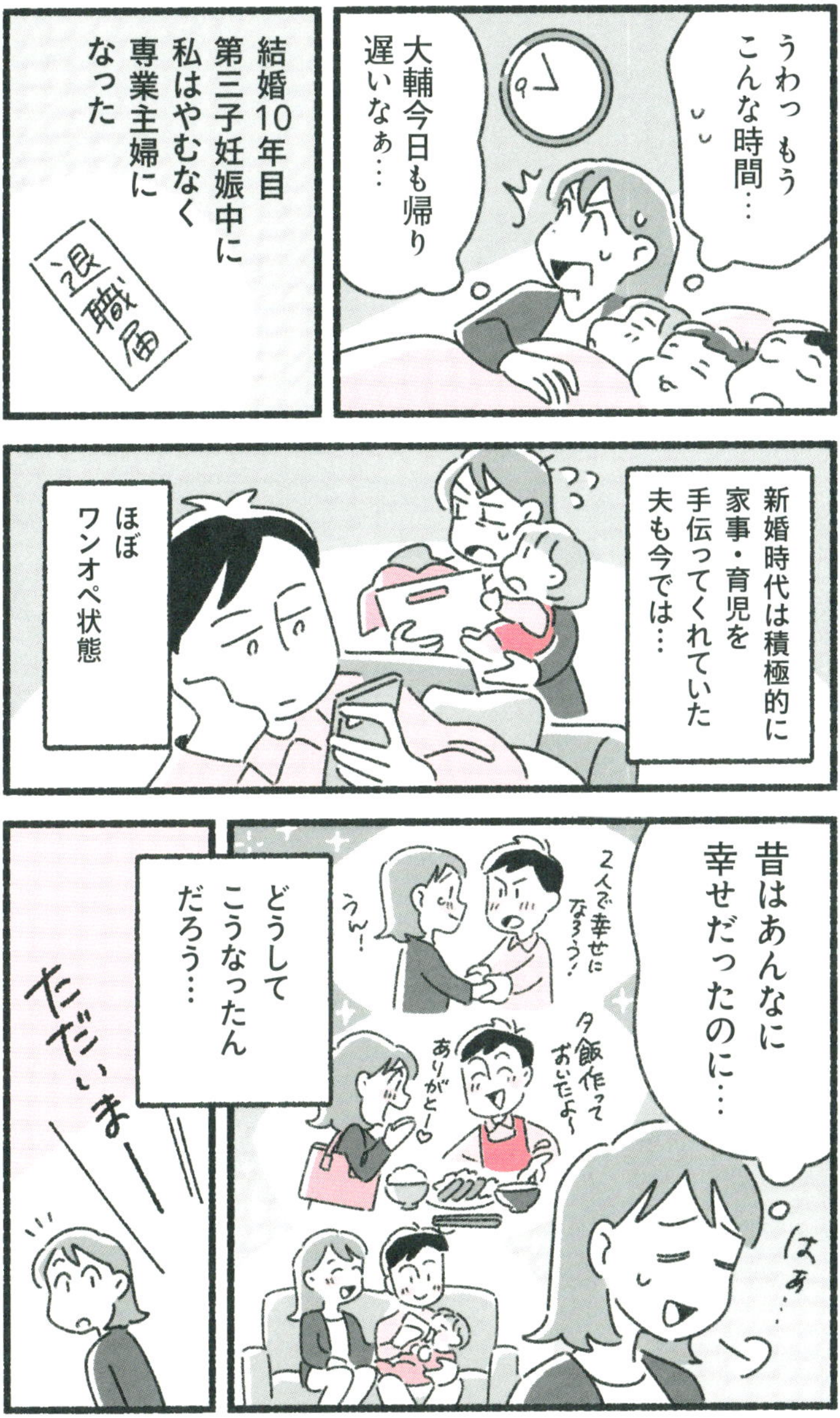
うわっ もう こんな時間…
大輔今日も帰り 遅いなぁ…
結婚10年目 第三子妊娠中に 私はやむなく 専業主婦に なった
退職届
新婚時代は積極的に 家事・育児を 手伝ってくれていた 夫も今では…
ほぼ ワンオペ状態
昔はあんなに 幸せだったのに…
2人で幸せになろう!
うん!
夕飯作っておいたよ〜
ありがと!♡
はぁ…
どうして こうなったんだろう…
ただいまー

おかえり〜
ごはん
温める？
あー
食べてきた。
風呂入るよ
あ
うん
わかった
夫も疲れて
いるのだから
我慢 我慢…
風呂上がり
プハーッ
今度の土曜日
少し遅くなっても
いい？
え？
なんの話？

お母さんと従姉妹の結婚祝い買いに行くから子どもたちの面倒見てねって話したでしょ？
え？いつ？土曜日はゴルフで無理だよ
いや…私1カ月も前からこの日だけはってお願いしてたよね!?
取引先との大事なやつだから今更そんな…
別の日にできないの？
夫はいつもこう
…私だって凛を預けて早く社会復帰したいのに…
大輔がいつもテレビとかスマホばっか見て私の話 上の空で聞いてるからでしょ!?
我慢するのはいつも私
わあっ
な なんだよ怒るような話か？

そして今日もケンカ
ギャー
ワー
翌朝
行ってきまーす…
しん…
ねぇママとパパはケンカしてるの？
えっ!? そ そんなことないよ～
いってらっしゃい～
どうすれば夫は変わってくれる？私の考え方が間違ってるの？
いや！私はちゃんとやってる！ママとしても妻としても…私は間違ってない！
どろ
どろ
どろ
どろ
私は小さい頃から親に
我慢しなさい
もっとがんばりなさい
そう言われながら育ってきただから…

夫が話を聞いてくれなくても
ねえ聞いてる？
あーうん
私がもっとがんばれば
子どものためにも今は離婚できない
夫がわかってくれなくても
じゃゴルフ行ってくる
何でこんなに家汚いの？
え…
ボロ…
夫がズルく思えても
弱音は吐いちゃダメ
あれ？愛美さん？

遥香さん！
おはよー
深刻な顔して…
またダンナさんと
ケンカでもした？
ママ友 遥香さん 40歳
次男と同じ歳の子どもがいる
実は昨日も
ヒートアップ
しちゃって…
わかるわかる
うちも
少し前までは
毎日ケンカ
してたわよ
遥香さんのご主人は
とても温和な人に
見えますけど…!?
ほわ〜
今はね〜
でも以前は
仕事ばっかりで
家事も育児も
全部私に押しつけて…
離婚を考えたことも
あったなぁ
遥香さんも…!?
どうやって
解決したんですか？

こういうことって なかなか人には 相談しづらいじゃない？
で
ネット検索してたら 見つけたの
神ダンナを 作る方法
「夫婦仲がうまく いかないのは どちらか一方が 悪いわけじゃなく 2人に責任がある」
「夫だけが悪いと 思っている限り 夫婦仲は改善しない」
って書いてあって 目からウロコだったわ
当時の私は 何もかも夫のせいだ って思ってたから
それって…

うまくいっていない夫婦の特徴

1 「男女の差」を理解していない

「共感がほしい」女性と「結論がほしい」男性。「マルチタスクが可能」な女性と「マルチタスクができない」男性。→P.190

愛美

今日、綾香がお友達とケンカしちゃって、○▲×☆……

それで僕にどうしてほしいの？

大輔

2 お互いに余裕がなく「思いやる気持ち」が欠如している

子育て世代は現役バリバリ世代。夫も妻も、それぞれに忙しく、心身ともに余裕のない毎日を過ごしています。→P.70

愛美

3人の子育てと家事で私のほうがたいへん！

仕事は忙しいし、休めないし俺のほうがたいへん！

大輔

3 会話の「タイミング」が適切でない

会話を始めるには、相手の状態を見きわめる配慮が欠かせません。→P.186

愛美「綾香の塾のことで相談できない？」

大輔「え？今？　俺、疲れているんだけど」

4 互いの「興味・関心の違い」を認め合っていない

夫婦とはいえ、育った環境や性格も違えば、それぞれに価値観や興味・関心が違ってあたりまえ。→P.66

愛美「今度の休みはキャンプに行きたい！」

大輔「今度の休みは家でのんびりしたい！」

5 夫の「ここが嫌」情報を集めている

脳には、関心がある情報を集めようとする「RAS（ラス）機能」があります。夫に不満があると夫の悪いところばかりが目につき、ますます「ここが嫌」情報が蓄積されるのです。→P.126

私って
モラハラ妻？

言動チェックシート

次のAからGの文を読んで、当てはまると思うものにチェックを入れ、それぞれのブロックで当てはまった数を記入してください。

A

- □相手にも自分にも、「大丈夫？」が口ぐせ
- □「〇〇（夫、子ども…）のために」って思ったらがんばれる
- □いつも楽しそうだねって言われることが多い
- □夢中になると、ご飯を食べることも忘れちゃう
- □失敗したくない
- □平和が好きで、ケンカは大嫌い
- □相手に合わせるのが得意
- □「ちゃんとしなくちゃ」「しっかりしなきゃ」と思っている
- □人に甘える、頼るのが苦手
- □何もしていないと、心が落ち着かない

合計　□　点

B

- □困っている人を見ると、助けずにいられない
- □人に喜んでもらうことが好き、それなのにいつも自分は孤独
- □人との距離がわからない
- □人から頼られていないと、自分の存在価値がないような気がする
- □相手の機嫌によって、自分の気分が乱れる
- □聞かれていないのに、人にアドアイスしたくなる
- □「こんなにやってあげてるのに」と思うことが多い
- □自分より相手の都合を優先してしまう
- □相手が期待した通り反応してくれないと、頭にきたり不安になったりする
- □人間関係が長続きしない

合計　□　点

C

- □ 真面目だと言われることが多い
- □ 人に気を遣いすぎて疲れることがある
- □ 小さなミスも許せない
- □ 100%できないと、まったくできていないような気がする
- □ うまくできないと最初からやり直したくなる
- □ 間違いを指摘されるとイライラする
- □ 人の目が気になる
- □ 自分に自信がない
- □ 過程よりも結果が気になる
- □ 自分に厳しいと言われたことがある

合計 □ 点

D

- □ 相手によって言動が変わる
- □ 人に嫌われるのは、その人に問題があるからだと思う
- □ 相手が期待どおり反応してくれないと不安になる
- □ 人からどう見られているかが、気になる
- □ 人と同じようになっていないと不安
- □ ひとりぼっちになるのが怖い
- □ すべての人から好かれなくてはならないと思っている
- □ 自己主張が苦手
- □ 新しい場所で人生をリセットしたくなることがある
- □ いつもどこか不安な気がする

合計 □ 点

E

- □ 仕事も家事もほとんど私がやっている
- □ 夫の価値観、考え方を受け入れられない
- □ 夫婦は一心同体だと思う
- □ 夫に本音が言えない
- □ 夫の動向を全部知っておきたいと思う
- □ 夫にも私の動向をすべて知っていてほしいし、関心をもってほしい
- □ 夫の意見、動向にいちいち左右される、そしてイライラする
- □ 友人でも、知らぬまに上下関係になっている
- □ 親（自分）の価値観を子どもに押し付けてしまう
- □ まわりの人の気持ちを読みとってから、自分の行動、発言をするのがクセになっている

合計 □ 点

F

- □ うれしいことがあっても素直に喜べない
- □ 自己主張するより、人に合わせているほうがラク
- □ 自分の長所よりも短所が気になる
- □ 悪くないのに謝ってしまう
- □ 人から認めてもらうためには、もっとがんばらなくちゃいけないと思う
- □ つき合いたくない相手とズルズルと一緒にいてしまう
- □ 嫌われるのが怖くて、自分をさらけ出せない
- □「どうせ私なんか」とすぐにつぶやく
- □ 自分が好かれているかどうかいつも不安
- □ 自分が好きじゃない

合計 □ 点

G

- □ 人のいいところを探すのが得意
- □ どんな経験からも学ぼうとしている
- □ 生きがいがある
- □ 小さなことに幸せを感じられる
- □ ダンナさんに心から感謝できる
- □ あまりくよくよしない
- □ 熱中できることがある
- □ 自分が好き
- □ 私はまわりの人に恵まれていると思っている
- □ 何があっても人のせいにしない

合計 □ 点

診断

- **A がんばり屋さん度**
- **B 依存度**
- **C 完璧主義度**
- **D 嫌われたくないという不安度**
- **E 境界線が引けない気質度**
- **F 自己肯定感**
- **G 幸せ感度**

A～**G**の各グループは、それぞれあなたを知るためのチェックシートで、とくに**A**～**F**は、「モラハラ妻」化しやすい〝思考のクセ〟です。点数の高かったグループが、あなたがとらわれている〝思考のクセ〟です。複数のグループで同じ高得点が出た場合は、それだけあなたがいろいろな〝思考のクセ〟にとらわれているということ。これからは、できるだけ最後の**G**ブロック「幸せ感度」の点数が高くなるような思考を身につけていきましょう。

現時点で**A**～**F**の点数が高くても、必ず変われるので大丈夫ですよ！

夫に愛される人と、愛されない人、何が違う？

夫に愛されたい……ですよね？

そう思ってがんばっているのに、私のことを愛してくれない、愛されている実感がない、粗末に扱われているように感じる、というご相談をよく受けます。

愛する人と結婚したのですから、夫に愛されたいと思うのは当然です。だからつい家事も育児もがんばっちゃう！　夫のために家事を完璧にこなし、忙しい夫に頼ることなくワンオペ育児を乗り切り、さらには、仕事も友達とのつきあいも夫の都合に合わせてセーブしちゃったり……。

でも、そんなふうに夫に尽くしても、それだけの理由であなたが夫に愛され続けることはありません。

なぜ？ だったら、どうしたらいいの？ 夫に愛され続ける人と、愛され続けない人の違いは、実はたった2つです。

①夫の愛を受けとっているかどうか

②自分で自分を愛してあげられているかどうか

たったこれだけ。では、1つずつ見ていきましょう。

実はそこに愛は「ある」

最初にお伝えしたように、そもそもあなたは夫に愛されています。プロポーズのときのことを思い出してください。あなたにプロポーズしたということは、「あなたを愛している。あなたを一生幸せにする」と誓ったわけです。

すでに十分愛されているのですから、問題はその愛をきちんと受けとっているかどうかです。愛を受けとるためには、「ない」ではなく「ある」を見てください。愛されていない「ない」、というネガティブな情報を集めるのではなく、愛されている（愛が「ある」）というポジティブな情報を集めるのです。

人間の脳には「RAS（ラス）」*という優秀な証拠集め機能があります。脳が自分の興味や関心のある情報を無意識に集めて、自分の見たいものを見ようとするのです。

「ない」を探していると、「ない」情報ばかりが集まるようになります。だからついつい愛されていることを忘れちゃうのです!!　ですから今すぐ「ない」から「ある」に意識を変えてみてください。夫からの愛が「ある」って意識して探してみると、日常生活の中にもたくさん愛が見つかるはずです。

なぜあなたは愛を受けとれないのか

もしあなたが夫の愛に気づかず、夫からの愛を受けとらなかったらどうなるで

＊RASはReticular Activating Systemの略。脳幹網様体賦活系という脳機能の1つで、自分の興味・関心のある情報を無意識に多くインプットして、それ以外の情報を振り落とすフィルターの役目を果たして、脳の負担を軽減しようとする。

しょう？

夫は、「僕からの愛は受けとってくれないんだ……」と、とても悲しい思いをして、傷つきます。ですが、プライドもあるし、ほとんどの男性は感情を言語化するのが苦手なので、なかなか口に出しては言えません。

だから、何も言わずに、あなたに愛を渡すのをやめてしまいます。そして、外に自分を受け入れてくれるところを探し始めます。趣味だったり、飲み友達だったり、あるいはあなた以外の女性だったり……。だからこそ、夫の愛をしっかり受けとり続けることが、とっても大事なんです。

なのに、なぜ、あなたは夫からの愛を素直に受けとれないのか？

実は、「愛を受けとれない」のは〝思考のクセ〟が原因です。しかも、タチが悪いことに、このクセにはほとんど自覚がありません。

あなたは、本当はものすごく愛されたいと思っているのに、無意識のうちに「私はどうせ愛されない」とか、「愛される価値のない人間だ」、という超ネガティブな〝思考のクセ〟をもってしまっているのです。

愛を受けとれないタイプの人は、超がんばり屋さんで、人に頼れない、頼めない、甘えられない、いわゆるしっかり者が多いのです。子どもの頃から「ちゃんとしなきゃ」とがんばってきた人です。

すべての自分にOKのサインを

あなたはすでに愛されているのですから、がんばる必要はないんです。だからこそ、心の奥底にあるネガティブな思いをサクッと書き換えて、「私はもうすでに十分に愛されている」「私は存在するだけで価値がある」という設定に変えてあげましょう。そして、自分のことを自分で愛して、大切にしてあげる。これがめちゃくちゃ大事です。

欠点があっても、できないことがあっても、失敗しても、すべての自分にOK

を出して、責めないで愛してあげること。いいところも悪いところも含めてありのまま自分を受け入れて、認めてあげることが大切なのです。

ただし、これがまさに「言うは易く行うは難し」で、なかなかカンタンなことではありません。だって、子どもの頃から家でも学校でも自分の欠点やできないところは直して「ちゃんと」しなさい、と教わってきたのです。できない自分に×をつけて、親や先生に認められるようがんばってきた習慣は、一朝一夕に変わるものではありません。

ですが、欠点のない人間なんていませんし、完璧な人間なんて存在しません。だからこそ、できない部分や欠点も含めて「これが自分」なのだと認めてあげることが大切なのです。そうすれば、ずっとできない自分を責めてきた、「ちゃんとしなきゃ」という呪縛から解き放たれ、がんばってきた自分を愛することができるようになります。

愛されない妻が抱えているストレス

毎日の家事や育児、そして仕事にと、多くの現代女性は忙しい毎日を送っています。なかでも子育て世代は夫も働き盛りで仕事に忙しく、家のことは妻であるあなたに任せっきり、ということも多いでしょう。

新婚時代は家事も手伝ってくれたのに……。子育てでたいへんな今こそサポートしてほしいのに、どうして手伝ってくれないの!?

そんなあなたの気持ち、よ～くわかります。私もそうでしたから。来る日も来る日も子どもの世話と、やってもやっても終わらない家事のくり返し。朝起きて寝るまで、ゆっくり座ってお茶を飲むこともできず、自分の時間どころか、1人になる時間さえない毎日でした。もう、ストレス全開です。

しかも、そんなふうにヘトヘトになりながら1人で家事も育児もこなしていることに、夫はまったく気づいてくれませんでした。

「私がこんなにたいへんな思いをしているのに！　もしかして、もう私のこと愛してないの!?」と疑心暗鬼になって、夫婦ゲンカをくり返していました。まさに、夫の愛に気づかず、愛を受けとることのできない〝愛されない妻〟だったのです。

こんな妻には、34ページでチェックした「モラハラ妻化しやすい〝思考のクセ〟」があります。きっとあなたにも、思いあたることがあったはずです。ただし、このクセは、自分ではなかなか気づきません。というのも、これまでずっとそのクセを基準に考え、行動してきて、それがあたりまえだったのですから。

こうした〝思考のクセ〟が、夫婦間のコミュニケーションの障害となり、ストレスとなってあなたの幸福を妨げているのです。

あなたは、がんばりすぎている

「がんばりすぎ」は、多くの人がもっている〝思考のクセ〟です。

あなたは小さな頃からがんばり屋さんで、がんばることはいいこと、がんばれば必ず結果がついてくる、と思っていませんか？　それで今も、一生懸命がんばっているんですよね？　もしかしたら、「私がやらなきゃ、だれがやるの？」という使命感を背負い、どんなに疲れてても、体調が悪くても、身体にムチ打ってがんばっているのかもしれません。

でも、そのためにストレスをためてイライラしていたら、元も子もありませんよね？　夫にほめられたい、愛されたいと思ってがんばっても、イライラして不機嫌だったら意味がないどころかマイナスになってしまいます。

もしあなたが、１人でこんなにがんばっているのにだれも助けてくれない、一番の味方でいてほしい夫が、まったく理解を示してくれない！　などと感じていたら、それはがんばりすぎの注意信号。ストレスで心に余裕がなくなっている状態です。

そのことに気づいたら、「そもそもそんなにがんばる必要ってある？」って、自分に問いかけてみてください。

ダンナさんは、あなたが１人でがんばることを求めてきましたか？　本当にだれも何も手伝ってはくれませんでしたか？　本当は、ちょっとくらい手を抜いたり後回しにしても問題ないってこと、わかってませんか？

そう、１日くらい家事を休んだって大丈夫なんです。ダンナさんもピカピカの家の中でストレスをためたあなたに八つ当たりをされるより、多少散らかっていてもあなたが笑顔でいてくれるほうが何倍もうれしいに違いありません。

まずは無駄な使命感や思い込みを手放して、がんばりすぎてコチコチになっている肩の力を抜きましょう。手を抜けるところは上手に抜いて、自分を労ってあげることが大切です。

自分さえ我慢すればと思っている

がんばりすぎと同じくらい多くの人が陥っている〝思考のクセ〟は、「自分さえ我慢すれば」と、必要以上に我慢をしてしまうことです。この〝思考のクセ〟をもつ人は、「自分が我慢をすれば物事がうまくいく、幸せになれるんだ」と思い、自分が夫や家族の犠牲になることが、妻として愛され、幸せになるための方法だと勘違いしています。

あなたも〝家族のため〟だからと、自分の気持ちを抑えて我慢していませんか？夫や家族を優先し、いろいろなことを諦めてきたにもかかわらず、なぜ今うまくいっていないのでしょう？

それは、自分の心を押し殺して我慢を続けているうちにまわりが見えなくなって、夫の気持ちや様子の変化に気づくことができなくなっていたからです。

心に余裕がないときは、目先のことしか見えなくなります。暗闇の中で、半径30㎝ほどの範囲だけが見える状態で毎日を過ごしている感じです。だから不安で、心細くて……。あなたは、そのストレスを夫にぶつけることで、なんとか自分の現状をわかってもらおうとしているのかも。しかしそれでは伝わりません。

あなたが今すぐやるべきなのは、夫に不満をぶつけることではなく、「自分さえ我慢をすれば」という〝思考のクセ〟を追い払ってあなた自身を大切にし、我慢のしすぎやがんばりすぎをやめることなのです。

「私ばっかり」という被害者意識

私は一生懸命がんばってる！　自分のことは我慢して、いつも夫と家族を優先して家事も育児もがんばった！

「なのに、夫は全部私に押しつけて手伝ってもくれず、優しい言葉一つなかった」
「子どもと遊ぶ時間だってあるし、飲み会にだって自由に行ける夫はズルい！」
「どうして私ばっかり、こんな目に遭わなくちゃいけないの!?」

このように無理ながんばりを続けていると、やがて「なんで私ばっかり」という被害者意識が生まれます。確かに、妻や母の仕事はやることが多くて時間が足りません。そのため多くの女性が、自分を犠牲にしてがんばっています。１日の終わりにはいつもクタクタです。

「私ばっかり」と思うのは、あなたが我慢をしてがんばっている証拠です。でも、がんばって１人で全部やりきるのは、むしろ逆効果！　自分がサポートしなくても、あなた１人でできるんだと思えば、夫は手を貸さなくなるでしょうし、だんだん１人でやってあたりまえ、となっていきます。そうなる前に、つらいときは素直に助けを求めましょう。

あなたは自分ばっかりたいへんで、だれも応援してくれないと思っているかもしれません。でも、そんなことはありません。あなたのまわりには、夫や子ども、両親、義両親など、たくさんの人がいますよね。

いろいろあっても、大好きな子どもと出会えたのも、夫や義両親、自分の親がいたからだ、と客観的に見えるようになれば、彼らが応援してくれていたことに気づくこともあります。

まずは我慢をやめて、まわりを見てみましょう。

「ちゃんと」「きちんと」「しっかりと」が口グセ

あなたの口グセに「ちゃんと」「きちんと」「しっかりと」はありませんか？

これらはすべてを完璧にこなさなければと思い、気がつけば「ちゃんとしなきゃ！」「きちんとしないと！」「もっとしっかり！」などと自分に言い聞かせて、限界までがんばってしまう、そんな「完璧主義」の妻に多い〝思考のクセ〟です。

人は、1日に約6万回も、頭の中で会話をしているといわれます。声には出さなくても、みなさん頭の中ではいろいろなことを考えていますよね。そのとき、いつもこの口グセで自分を律している人は、夫や子どもに対しても無意識のうちにこれらの言葉を口にしています。

そして、完璧主義の妻は、自分だけでなく夫や子どもにも「ちゃんと」「きちんと」「しっかりと」を求めるようになります。なぜなら、子どものときから親にそう躾けられてきたし、「ちゃんと」することでほめられてきたのですから、当然ですよね。学生時代から〝しっかり者〟としてまわりから頼られてきたために、「ちゃんと」するのがあたりまえ、「ちゃんと」しない人はだらしない、ダメな人という評価が染みついてしまっているのです。

そうやってふだんから自分を律することがあたりまえになっている人は自分に厳しいだけでなく、夫や子どもにも厳しく、完璧を求めるようになってしまいます。そうなると、夫にもうっとうしがられ、敬遠されてしまうのは仕方のないことです。夫だって、今さら子どものように「ちゃんとして」などと言われ、キュークツな思いはしたくありませんから。とくに、家の中でくつろいでいるときにはだれだって聞きたくない言葉ですよね。

なので、まずはこの3つの単語を使わないようにすることから、意識してください。口グセは、子どもの頃に抱えた〝思考のクセ〟がもとになっています。そのため、自分と向き合い、根本となる〝思考のクセ〟を改善していくことで、夫婦の不仲を引き寄せる呪文から自分を解放してあげてください。そうすれば、夫婦関係も改善していくはずです。

「夫に負けたくない」は、愛されたい気持ちの裏返し

「夫に負けたくない」って、思う人って少なくないです。という私も実は「夫に負けたくない」と思っていました。というか、「だれにも負けたくない」と思っ

ていました（笑）。私は「ずーーーっとできる自分でなければいけない」と思っていて、それで「努力する、がんばる！」をやっていました。

しかし、結婚し、私は専業主婦となり、夫が外で仕事をするスタイルとなりました。やがて夫は職場で評価されて、査定も高評価をもらっていました。家族にとってはとってもいいことなんですが、「夫ばっかりいいな〜」と、「ズルいじゃん！」と、本気で思っていたのです。なぜなら私は専業主婦、だれも評価してくれないし、だれも褒めてもくれないからです。それでますます意固地になって夫婦ゲンカをしても「白黒つけたい！」とか、「私が正しい！」「間違ってない！」と常に思っていて、夫といつも戦っていました。

なぜ、「負けてはいけなかった」のでしょうか……。

それは、「がんばっていないと愛されない」。さらにもっと言うと「負けてしまう弱い自分、できない自分には価値がない」と思っていたからです。夫と張り合うことで、存在価値を守ろうとしていたのです。

つまり「夫に負けたくない」は、

「夫に認められたい！ 愛されたい！ 大切にされたい！ 必要とされたい！」という心の叫びだったんです。

「夫に負けたくない！」という気持ちは、夫に愛してほしいという裏返しです。

「夫に負けたくない！」と戦っているときは、実は「夫に愛されたい～!!」と叫んでいるのです。

「負けたくない！」などと言うと、一見勝ち気で、バリバリテキパキと、仕事でも家事でもやってしまうタイプのように見られがちですが、本当はそれは仮の姿のはず。

一皮剥くと、自分に自信がなくて、自分を自分で認められなくて、実は「不安」を抱えている人が多いです。

だれかに認められないと「不安」で「不安」でしょうがないから、しかも、それをだれにも知られたくないから、自分にガッチリとガードを張って、がんばっているんですよね。

夫婦仲を改善するためには、この「夫に負けたくない！」という気持ちの奥に隠された、本当は「夫に愛されたい」という、心の奥底にある気持ちを呼び覚まし、ほんの少し正直になってみてください。

「どうせ私は愛されない」は、自分を守る言葉の鎧

「あなたはダンナさんに愛されてますよ」とどんなに言っても、夫の愛を素直に受けとれない人がいます。

誕生日にプレゼントを贈られても、「ありがとう。とってもうれしい」と口では感謝をしつつ、心の中で「どうせついでに買ったんでしょ」とか「ホントは○○がほしかったのに、やっぱり私のことわかってないわね」などと思っていたり……。でもそれって、口に出さなくてもダンナさんにはモロに伝わります。そして、「せっかく買ったのに、喜んでもらえないんだ」ってとても傷ついて、そ

こからどんどん夫婦の溝が広がり、そのうちあなたに愛を伝えることをやめてしまいます。

なんてもったいない！　愛されたい、大切にされたいと思いながら、愛されている事実に目を背け、自分で幸せをぶち壊しているのですから。まず、そこに気づいてください。

実は、「どうせ私は愛されない」「どうせ私は嫌われる」というのは、自分が傷つかないためにあなたが身につけた言葉の鎧なんです。たくさん我慢して傷つき、つらかった過去のような思いはしたくない！　というあなたの心の叫びです。

期待して裏切られたときのことを考えると、怖くて素直に受けとれない、だったらはじめから期待しなければいい、と思うあなたの無意識がつくり出した、自分を守るための言葉の鎧です。この鎧を脱ぎ捨てない限り、夫からの愛を受けとることはできず、夫婦仲の改善はできないのです。

夫が家にいるだけでストレス

たとえば、相談したいことがあるのに話を聞いてくれない、頼んだことをやってくれない、休日はダラダラしている、スマホばかりいじってる……などといった目に見えやすいものから、自己中、頼りない、仕事のことばかりで、家族のことを考えてくれない！　といったものまで、ダンナさんに対するイライラの原因は、たくさんありますよね。

愛し合って結婚したはずなのに、いつしか夫の顔を見ると「イラ」っとしてしまう……。そんなふうに感じるのは、「夫が私のことを大切にしてくれていない、もっと私を大切にしてほしい！」って思ってるときなんです。「もしかして私はもう愛されていないのかも」と思ってしまい、その不安に振り回されてしまっているのです。

しかも、そういうときの不安はイライラとなって表れるので、心にもなくダンナさんを攻撃してしまいます。本当は「あなたが、仕事ばっかりで、家にいてくれなくて寂しい」って言いたいのに、「仕事と、家庭どっちが大切なの!」「そんなに忙しいって、本当に仕事なの?」と、憎まれ口をきいてしまう。まさに、「どうせ私は愛されない」という言葉の鎧で自分の心を守っているのと同じ心理です。

もしあなたが、本気で夫婦の不仲を改善したいと思っているなら、夫にイライラするときは、それを直接夫にぶつけないこと。イライラを夫にぶつけても何にも改善しません。あなたがますます嫌われるだけです。ですから、自分で自分の機嫌をとって、いつも笑顔でいる妻を目指していきましょう。

まず「何にイライラしてる?」と自分に問いかけてください。すると、気持ちが落ち着いてきます。イライラしている原因もわかるので、それを解決してあげればいいだけです。82ページにやり方を詳しく書いてあるので、心あたりのある方はやってみてください。

どうしたら私の気持ちを夫にわかってもらえるのか

1人でいろいろがんばっていると、「夫に自分の気持ちをわかってほしい」「どうやったら、わかってもらえるのだろう?」と悩むことがあります。

自分がどんなにがんばって、どんなに苦しくつらかったかをわかってほしくて、何度も夫に訴えてもわかってもらえず、その結果、絶望して夫に心を閉ざしてしまう経験をしている方も多いと思います。

ですから、ここでハッキリとお伝えしておきます。

どんなにがんばっても、ダンナさんがあなたの気持ちを100％わかってくれることはありません。

なんとかわかってもらおうと思ってどんなに懸命に訴えても、ダンナさんには届きません。それは決して、「あなたのダンナさんが聞く耳をもっていない、その能力がない」ということではありません。もともと、他人の気持ちを100％理解するなんて無理なことです。それを共感の苦手な男性である夫に求めても、あなたが満足するような反応は得られないでしょう。

「じゃあ、この行き場のない気持ちはどうしたらいいの！」と思いますよね。

そんなときに、ぴったりな相手がいます。

それは……、あなた自身です。

あなたが、あなたの気持ちをわかってあげるのです。夫にわかってもらおうと思わず、あなたの機嫌はあなた自身がとることで、夫の機嫌に左右されずに精神的な自立と自由を手に入れることができるようになります。

妻の座にあぐらをかくと夫婦関係は壊れていきます

「妻の座にあぐらをかく」とは、夫への感謝を忘れ、夫が何をやっても、夫がどんなに優しくしてくれても、私がこんなにがんばってるんだから、それくらい当然よ、とばかりに「もっとやってよ」「なんでやってくれないの」と要望や文句ばっかり言っている状態です。

なかには、夫には何を言ってもいいのだと勘違いして、言ってはいけないことを口走ってしまうこともあります。がんばっている夫に対して感謝をしないばかりか、夫の家族の悪口や、仕事や稼ぎに関する文句、はたまた、ほかの人の夫と比べるのは、とんでもない間違いです。夫だって傷つき、心が折れてしまいます。こんなふうに、妻の座にあぐらをかいていると、100%の確率で夫婦関係はズレていき、うまくいきません。

ダンナさんだって一生懸命やっても感謝もされず、文句まで言われたら、「何言ってんだ！」「そんなヤツに優しくなんてできるもんか！」と、なります。

あなたのダンナさんもすごくがんばってるんです。毎日仕事をして、お金を稼いできてくれるし、ときには家族サービスだってしてくれる。それって、あたりまえのように思ってるけれど、実はあたりまえじゃないです。それをつい、妻は忘れてしまい、ダンナさんのがんばりに対してケチをつけたり、文句を言ったり……。つまり、お互いさまなんです。

大事なことは、ダンナさんもがんばっていることにあなたが気づくこと。

すると、自分の中で気持ちが落ち着いて、今まで見えていなかったダンナさんのがんばりもちゃんと見えるようになります。そうなれば、自然とダンナさんへ感謝もできるし、夫婦の関係も一気に変わります。

本当に夫だけが悪いのか

夫婦の関係がギクシャクしてケンカが絶えないときは、夫だけが悪いと思っていますよね。「私はこんなにたいへんな思いをしてるのに、わかってくれない夫が全部悪い！」って。

でも、夫婦の問題は2人の間で起きたこと。夫だけ、妻だけが悪いってことは絶対にありません。夫婦の不仲やケンカが絶えないときは必ず両方に原因があり、2人で解決しなければならない問題なのです。つまり、「相手が悪い！」と言っているうちは、問題は解決しません。

私も、夫婦仲に悩んでいたときは、夫が全部悪いと思っていました。うまくいかない原因をすべて夫のせいにして、「悪いのは夫、私は被害者」って。当時の私は追い詰められて苦しくて、どうしていいかわからずに、そのつらさを夫にぶつけていたんです。

ですが、ハタと気づくと、私はだれにも何も言われていないんです。家事や育児はだれに指示されたわけでもないし、完璧にこなせなかったからといって、だれも私を責めたりはしない。それどころか、当時だって夫は、頼めば家事を手伝ってくれていたのです。私は〝追い詰められている〟と感じていたけれど、自分で自分を勝手に追い込んで苦しんでいただけだったのです。

さらに言うと、実は、そういうときの夫は、妻が何を怒っているか、何にイラついているのか、まったくわかっていません。「あいつ、また機嫌悪いなぁ」くらいにしか思っていないんです。そんな夫にわかってもらおうとしても、時間のムダ。それよりも、自分を追い込む〝思考のクセ〟をサクッと変えちゃいましょう。そうすることで、あなたは精神的に解放されて、あなた自身はもちろん、家族みんなが笑顔になれます。

会話なし夫婦になる理由

コミュニケーション不足が不仲の原因とわかっていても、「夫と話をしてもつまらない」「話そうとしても、お互いすぐにケンカになってしまう」ために夫婦の会話が少なくなってしまうという方も少なくありません。実際、あるアンケート*によると、会話のない夫婦が約6割に及ぶそうです。なかには「話をするのがめんどくさい」「会話のないほうがラク」という方も。

夫婦の会話がなくなるのには、男女の差や興味・関心の差、タイミング、相手を思いやる気持ちの欠如など、いくつか要因があげられますが、最大の理由はお

＊インフルエンサーグループReveによる、30〜40代既婚女性30名を対象とした調査。

互いの余裕のなさにあります。

夫は毎日の仕事のことでめいっぱい。そのうえ、女性と違って頭の切り替えがすぐにできないために、家のことやあなたからの情報が入りにくい状態です。そのため、長い話を聞く余裕が頭の中にないのです。決して家のこと、あなたのことを大切に思っていない、愛していないというわけではありません。

夫に話を聞いてほしいと思うなら、まずは自分から夫の話を聞いてあげましょう。そのとき、夫の話を否定したり、批判したりしてはいけません。自分が夫にしてもらいたいように、夫の話に共感し、できれば応援してあげましょう。

また、夫婦といえども興味や関心、価値観は違うのがあたりまえ。夫が自分と同じように興味を示さないからといって、がっかりしないことも大切です。男性には、女性同士の会話のように共感する文化はないと心しましょう。

さらに、夫はどうせ話を聞いてくれない、夫に肝心なことが言えない、話をして非難されたら……などと最初から諦めてはいけません。自分で自分に制限をかけるマインドブロックを外して、あなたが意識を変えていくことが大切です。

夫婦関係を壊す最大の敵を知っておこう

夫婦関係を壊す最大の敵って、なんだと思いますか？　嫁姑の関係？　お金の問題？　あるいは異性の存在？　もちろん、それらの問題が原因となる場合もありますが、円満な夫婦関係の天敵ともいえるのが、あなた自身の「夫に愛されるためにはもっとがんばらないと！」という思い込みです。

実は、夫婦関係に悩む人は、自分が嫌い、自分を愛せていない場合がとても多いのです。自分ではそう思っていなくても、いつも人一倍がんばっていて、気づくと他の人よりも大量の仕事を抱えていて、自分だけが目の回るような忙しさ……という方は、「自分を愛せていない」人です。心あたり、ありませんか？

なぜ、そんなことが起こるのか？ それは、あなたが自分をだれかと比較し、自分の足りない部分を見つけて「こんな自分じゃダメだ」と思っているから。つまり、今のままの自分じゃだれも自分を認めてくれない、愛してくれないと思って自分を否定しているからです。そして「こんな自分だから、もっとがんばらないと！」と思い込みを脳に刻んでしまっているのです。

これが夫婦関係を壊す最大の敵であり、夫の愛の受けとりを拒否しているもったいない思い込みです。

だからこそ「自分を自分で愛する」ことが、円満な夫婦関係を保ち、夫婦関係を修復する最大のコツとなるのです。あなたは、ステキな○○さんにはなれないし、なる必要なんてないんです。だってあなたはあなた、唯一無二の存在なのだから。まずは、そのことに気づくところから始めてください。

そして、自分を大切にして、自分自身を愛してあげてください。自分を愛し、精神的に自立することこそ、夫婦関係にはもっとも必要なことなのです。

夫婦関係の根本はココ

夫婦関係の悩みを抱えることは、何も特別なことではありませんし、恥ずかしいことではありません。男女とも、約7割の人が「夫婦関係がうまくいかないと思った経験がある」*というほど、夫婦関係に悩む人は多いのです。しかも、うまくいかないと感じたきっかけの1位は、男女とも相手に「自分を理解する姿勢がないと感じたとき」となっており、「話を聞いてくれないとき」(女性2位・男性3位)とともに、コミュニケーション不足が大きな原因となっています。

あなたも夫も、忙しいなか、それぞれが愛する家族のためにがんばっています。けれど、忙しさと厄介な〝思考のクセ〟のせいで心身ともに余裕がなくなり、コミュニケーションがうまくとれなくなっている状態なのです。そう、実は、夫婦の不仲はお互いが家族のためにがんばっているのに、ちょっとしたズレで夫婦の間がうまくいかなくなっているだけのことが多いのです。

＊Lancersによる、既婚男女400名を対象としたインターネット調査(2024年)。

夫婦関係は、お互いの愛情だけでなく、相手のことを尊重する気持ちが大切です。たとえ夫婦であっても「相手の立場に立って考える」「相手のよいところを認める」といった人間関係の基本を守り、相手の領域に勝手に踏み込まない配慮がなくてはいけません。相手を尊重する態度が欠けた状態では、円滑なコミュニケーションがとれずにすれ違いがどんどん大きくなり、日常のあらゆる場面でトラブルが起きてしまいます。

そうならないためにあなたができることは、夫のことを尊重できる心の余裕をもつためにも、自分自身を愛すること。自分自身を愛せない人に、他人を愛することはできないからです。夫婦関係に悩むことは、輝く未来を手に入れるために必要なステップだと信じて、新しいステージに踏み出しましょう。

夫に愛されたいと思うことが夫婦関係を壊す原因だった

「夫婦の不仲は結婚直後から始まります」、なんて言われたら驚きますよね？

さらに、その原因は、あなたの夫に愛されたいという思いにある、なんて言ったら、「結婚して愛されて幸せになりたいと願うのは、当然でしょ！」って思うでしょう。

ですが、「愛されたい」という気持ちは、かまってほしい、私を見てほしい、話を聞いてほしい、とにかく〇〇してほしいという気持ちがとても強く、本当は、夫に愛されているのかどうか、不安な気持ちでいっぱいの状態です。

さらに、「夫に愛されたい」と思っていると、夫にもっと愛されるためにはどうすればいいの？　夫に認めてもらうためには？　夫の機嫌を損ねないためには？　としだいに夫の顔色をうかがい、〝夫のために〟がんばるようになってしまいます。すると、「（夫と一緒に）幸せになりたい」という願いは、いつのまにか「（夫に）幸せにしてもらいたい」という、夫に依存した思いに変わってしまうのです。

しかも、夫に愛されるために一生懸命がんばって、いい妻・いい母であろうとしているのに、ダンナさんはあなたのがんばりを認めてくれず、気づいてもくれない……。こうした不満はストレスやイライラとなり、徐々にあなたの中に蓄積されていきます。そしてあるとき、これまでの不満が一気にあふれ出し、その結果、離婚となってしまうことも少なくありません。つまり、夫に愛されたいという思いが、めぐりめぐって夫婦関係を壊す原因となってしまうのです。

もし、あなたが、「(自分が)がんばりすぎてるな」とか、「こんなに一生懸命やってるのに、なかなかうまくいかない」と感じていたら、それは夫にすべてを委ねてしまっているからかもしれません。あなたには、あなたの人生があります。このことを心に銘じ、そろそろ本当の自分の人生を歩き出しませんか?

夫婦関係を改善できる人とできない人のたった1つの違い

冷め切った夫婦関係をなんとか修復しようとがんばっているのに、なかなか解決できない人と、スルッと悩みを解決して、さらには神ダンナまで誕生させてし

まう人がいます。この違いはいったいなんなのでしょう？　夫婦関係を改善できる人とできない人のたった1つの違い、それは、

「本当に解決したいか、したくないか」です。

「え？　たったそれだけ？」と拍子抜けするかもしれませんね。「そんなことで、本当に解決できるの？」って。いろいろがんばっても成果が出ていない人は、「私だって、本気で解決しようと思ってるわよ！」と怒り出すかもしれません。

でも、夫婦仲の改善には、「本気度」が重要、これが事実です。

わかりやすいのが、仮面夫婦の場合です。さまざまな過程を経て互いに傷つけ合ったあげく、仮面夫婦となった妻にとって、夫との直接的なかかわりがない今は、ある意味〝平穏〟な毎日です。もし何か行動を起こして、あのときのような言い争いになったり苦しい思いをしたりするくらいなら、いっそこのままでいい……、と思ってしまうのはしかたないことです。そういう思いが心の奥底にある

ため、なかなか本気で踏み出せないのです。

つまり、夫婦仲の改善は、ようやく手に入れた〝平穏〟を捨てても、やっぱり夫婦仲を改善したいという強い思いがあるかどうかにかかっているのです。そして、その覚悟さえできていれば、夫婦仲は自然と改善していきますし、再び修羅場になることはありません。

あなたが心を決めさえすれば、悩みを解決できるのです！　なのになぜ、前に進めないのか？　それは、傷つけあった過去の記憶がトラウマとなって、動けなくしてしまっているからです。あなたの、そして家族の未来のために、勇気をもって前へ進みましょう。

妻の〝思考クセ〟が、夫の浮気を引き寄せる

夫婦の間で起きていることには、あなたの思い込みが大きく影響します。

夫婦仲が悪くなり、ケンカばかりしていたある相談者は、「夫が浮気をしているかも……」と悩んでいました。そして、浮気の証拠を見つけようとカバンを探っているところを夫に見られ、ますます関係が悪化してしまったそうです。

実は、この相談者には「男性は浮気をするものだ」という思い込みがありました。子どもの頃、夫の浮気に苦しむお母さんにそう言われ続けてきたのだそうです。これでは夫の帰りが遅いだけでも、浮気を疑いたくなってしまう気持ちもわ

かりますよね。

幸い、ダンナさんは〝無実〟だったそうですが、でも、こうした思い込みでしてもいない浮気を疑われ、責められたダンナさんの気持ちはどうだったでしょう？ 怒りとともに、「どうせ浮気をしてると思われてるなら、本当にしたって同じじゃないか」と浮気に走り、家庭を壊してしまうことだってあるかもしれません。火のないところに煙は立たないはずが、思い込みが浮気を引き寄せ、火をつけてしまうしまうこともあるのです。

こうした〝思考のクセ〟は、相手を変えても変わりません。「男は浮気をするもの」という思い込みがある限り、たとえ浮気をしたダンナさんと別れて別の人と再婚しても、また夫が浮気をして夫婦仲が壊れる悲劇をくり返します。つまり、あなたの〝思考のクセ〟を直し、思い込みを正しく解消してあげないと、再び同じことが起こってしまうんです。それほど思い込みの影響は大きいのです。

こうした思い込みは、元から断たないとダメ。あなたの〝思考のクセ〟をリセットすることこそ、最大の浮気防止法となります。

離婚の一番の理由はなんだか知っていますか？

それは、「性格の不一致」！　DVや精神的虐待、生活費を渡さないマネハラ、浮気などを抑えて、男女ともに堂々の離婚原因第1位です。

しかし、夫婦といえど、もとは生まれも育ちも違う他人同士。性格や価値観が違うのはあたりまえです。なかには「自分と性格やものの見方が違うからこそ、常に新しい発見があって楽しい」という夫婦もいるのですから、性格の不一致＝離婚というわけではありません。

離婚にいたる夫婦に圧倒的に多いのが、コミュニケーション不足です。

・言いたいことが言えない
・本音で語れない
・我慢や遠慮をしてしまう
・頼れない、頼めない
・問題を１人で抱え込んでしまう

などが原因となって夫婦のコミュニケーションが不足し、不満や誤解が積み重なり、やがて関係が破綻してしまうのです。

ですが今、あなたの目の前にいるのは、これからもずっと一緒にいたい大切な人です。あなたが論破したり、説得したりしなければならない敵ではないのです。

感情に振り回されず、相手を思う気持ちを込めて話せば、自然と伝え方も変わります。夫はあなたを愛する味方だということを忘れず、自分の気持ちを正直に、不満や要望があればその場で伝えてコミュニケーションを図りましょう。夫婦の密なコミュニケーションこそが離婚を回避し、２人の絆を深めるもっとも効果的な方法ですし、もともと他人同士だからこそ、努力が必要なのです。

思いあたりませんか？

夫からの愛を遠ざけている言葉

左ページのような言葉は、夫の愛を遠ざけるだけでなく、
夫婦の関係そのものにもヒビを入れてしまう可能性があります。
まずは下記に紹介する３つのステップを踏むことで、
夫に言ってはいけないNGワードを１つひとつ覚える必要がなくなります。
「夫にNGワードを言いたくなっちゃった！」「言ってるかも…」と思う人は、
ぜひやってみてください！

NGワードを封じ込めるためのStep

STEP 1 自分が我慢していること、ため込んでいる不満に気づく

イライラした気持ちが、言葉にのってNGワードになってしまうのです。ですから、自分が何に我慢しているのか、どんな不満をため込んでいるかに気づくことが大切です。

STEP 2 我慢していること、不満を言語化する

自分が何に我慢しているのか？　どんな不満があるのか？に気づいたらそれをノートに書き出してみましょう。言語化することで原因がわかり、解決方法が見えてきます。

STEP 3 だれの悪口も言わない

潜在意識は主語を区別しないと言われています。つまり、あなたが口にしている夫への悪口は、自分自身への悪口ということ。自分で自分を傷つけています。だれの悪口も、今、この瞬間から封印しましょう。

夫に言ってはいけないNGワード10選

1つでも当てはまったら、自分を見つめ直し、どんな不満があるのか、
我慢をしているのかを探ってみてください。

1 **「自分で考えてよ」**

忙しいとつい口に出てしまいますが、男性は家事育児の体験が少ないので、本当にわからないのです。丁寧に教えてあげてください。

2 **「〇〇さんのダンナさんは協力的なんだよ」**

夫のモチベーションを上げようと思って言う場合もあるようですが、それは逆効果。だれだって比べられたらいやですよね。

3 **「なんでそんなこともできないの？」**

4 **「そんなやり方じゃダメ」**

5 **「もうあなたには任せられない」**

6 **「あなたってダメだよね」**

7 **「普通は〇〇だよね」**

あなたの基準やあなたのマイルール、あなたの価値観は絶対的に正しいですか？　あなたのダンナさんも他の部分でものすごくがんばっているはずですよ。そのぶん家事育児の経験が少ないから、できないだけなんです。ダンナさんのがんばりに気づくと、これらの言葉は口からは出てこなくなります。

8 **「結婚するんじゃなかった」**

9 **「あなたの稼ぎが悪いから」**

自分で選んで結婚した相手ですよね？　それなのに否定して、人のせいにしていませんか？　結婚生活はどういう状況であっても2人に責任があります。

10 **チビ、ハゲなどの身体的特徴**

column

感情はコントロールしようとするほど、抑えが利かなくなります

感情をコントロールするための4つのヒント

❶ 深呼吸をして数秒待つ 初級編

その場で深呼吸して気持ちを落ち着かせます。その場を離れることが必要な場合もあります。ハートコヒーレンス法(→P.138)をやってみるのも効果的です。

❷ 怒りの感情を感じている部分に手を当てて、自分の怒りを受け止める 初級編

「怒っちゃダメ」などと自分の気持ちを否定すると、ますます怒りを抑えきれなくなります。「怒ってあたりまえだよ!」と自分に言いながら、感情を受け止めてあげてください。

❸ 紙に書き出す 中級編

殴り書きでいいので、全部、出し切るつもりで心にたまっているものを書き出します。書き終わったらビリビリに破って捨てます。何度かくり返すとスッキリしてきます。

❹「何が不安なの?」と自分に問いかける 上級編

イライラ=不安です。「何が不安なの?」と自分に問いかけてみてください。次第に解決策が見出せるようになり、イライラに振り回されることがなくなります。

一度タガが外れてしまうと止まらず、抑えようとしても抑えられない感情の爆発。

「感情は、自分の中にいる他人」。コントロールしようと思えば思うほど、抑えが利かなくなり、反発すると考えてください。

だからこそ自分のネガティブな感情を否定せず、自分の気持ちを自分で受けとめて、寄り添ってあげてください。すると「やっとわかってくれたんだ」と自分の中の怒り、悲しみなどの感情がすっとおさまってくれます。そして、平常心が戻り、感情に振り回されることが減ります。つまり、自分の気持ちを一番わかってあげられるのは自分なのです。

第2章

「俺と同じだけ稼いでみろよ!」夫が見ている世界

恋愛結婚であれば、あなたの夫は
「結婚したい!」とときめいた素敵な彼氏だったはず。
そんな彼が、なぜ、生涯の愛を誓った妻に向かって
この発言をするにいたったのか。
夫には夫の心のプロセスがあります。
あなたの傷ついている気持ちにはふわりとカバーをかけて、
夫が見ている世界を俯瞰してみましょう。

こうして夫は
モラハラ夫になっていった

夫・大輔が見ている世界

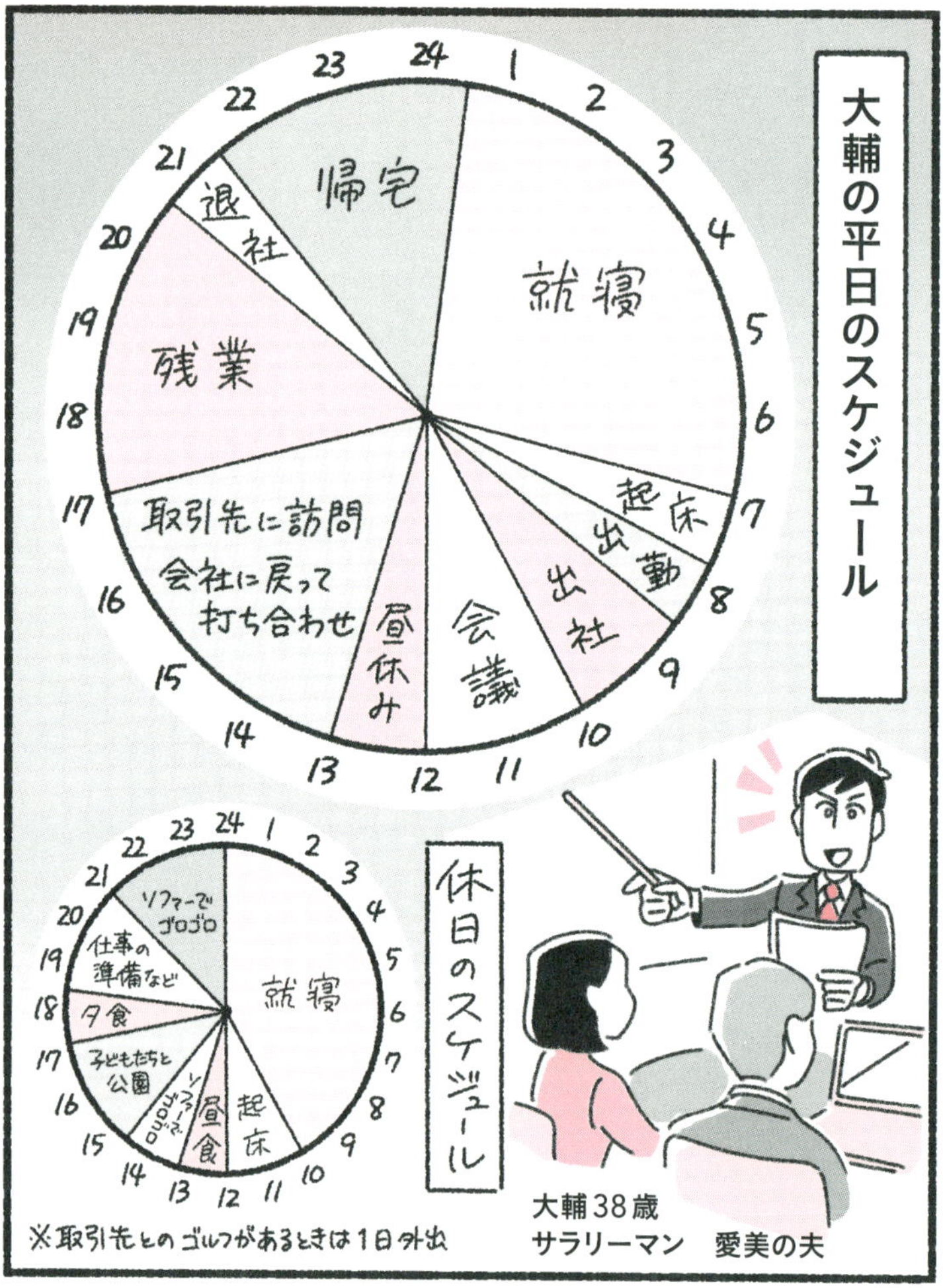

次男の樹が
生まれた頃から
俺は仕事が忙しくなり
結婚当初分担していた
家事・育児は
自然と妻が中心となった
俺は外で稼ぎ
家族を養う
だから愛美には
子どもの世話を
しっかりやって
くれれば
俺は何の不満も
ないのに…
邪魔
なんだけど

ゴロゴロしてるだけなら子どもたち公園に連れてって!
なんなんだよ一体!!
パパ〜
よーし!
みんなで公園行くぞ〜
最近、愛美はいつもイライラしている
平日はバリバリ働いて休日は子どもたちと公園
愛美に黙って遊びに行ったことも一度もない
う〜ん…
俺けっこうイクメンだと思うんだけどな〜

あ 帰ったら
月曜のプレゼン資料
まとめておかないと…
今は子どもたちのためにも
もっと仕事をがんばって
出世したい
無理に共働き
しなくてすむから
愛美だってラクなのに…
あーっ!
もう 凛!
こぼさないで!
あぁっ
もうっ
樹!
ちゃんと
食べなさい!
そんな大声
出さなくても
いいのにな…
もぐ
もぐ…
ごちそうさま
俺、ちょっと
仕事するから
サッ
あ ねぇ
ちょっと…!

自分が食べた
お皿くらい
流しに運んだら
どうなの!?
休日もこんなんじゃ
こっちもまいる
愛美は何が
気に入らないんだ?
昔はあんなに
可愛かったのに…
おいしー
一生この人を
しあわせにするんだ…
あの頃は
よかったなァ…
なんかあいつ
性格変わった
よな
この前も…

○○ちゃんちは夏休みハワイだって〜
ダンナが高収入ってうらやましい
それに比べて…
俺を侮辱するようなこと言ってきたし
こういうのモラハラ妻って言うんじゃないのか!?
はっ
それに…
SEXも2年以上してない
疲れてるから!!
誘っても毎回断るくせに
仕事で帰りが遅くなると
浮気でもしてるの?
勘弁してほしいよな…

俺が家族のために
いろんな我慢を
していること
残業するわー
またゴルフ…!?
愛美は何にも
知らないんだろうな…
カチャ
ねぇ
あ え…
何?
私が毎日
どれだけ
我慢してるか
知ってる?
は…?

それはこっちの…
知らないよね
家族に興味ないいんだもんね
…だ…
だれのおかげで飯が食えてると思ってるんだ!?
ガッ
俺が…一度だって給料渡さないときがあったか!?
出張以外で家に帰らない日があったか!?
そんな大声出さなくてもいいじゃない！

そんなに我慢してるならお前が外で働いて俺と同じくらい稼いでこいよ…
…もういい
その後…
夫婦仲は完全に冷め切ってしまった
なんでこのシャツ洗濯してないんだよ…
あなたが洗濯カゴに入れないからでしょ!?
はぁ?
もういいよ
ちょっと!!
ゴミ捨てくらい行ってよ
聞いてる!?
無視。

確かにこの前は
俺も言いすぎた
かもしれない
でも…
俺はただ
家族が幸せに
笑っている姿が
見たいだけなんだ
なのに
いつも
愛美が…
俺は
間違ってない

威圧的な夫の深層心理、実は……

第1章では、妻の側から見た夫婦がうまくいかない原因を探ってみました。たぶん、あなたにも思いあたるところがあったと思います。

ここからは、夫の側から見た原因を探っていきます。同じ問題に直面しながら夫婦で対応が異なるのは、性格の違いというよりも「男女の差」が大きな理由となっています。この違いを理解し、上手に活用することこそ、神ダンナを誕生させるコツでもあるのです。まずは、夫婦ゲンカをしたときの夫の深層心理に迫ってみましょう。

モラハラ夫は小心者、寂しがり屋のかまってちゃん

夫婦ゲンカをすると、ものすごい剣幕で怒って威圧的な態度をとったり、不機嫌になって黙り込んだりする夫っていますよね。こうした行動って、実は夫の心の叫びで、「もっと僕のことを見て」「僕のことをかまって！」と言っているのです。

たとえば、夫が仕事で毎晩帰りが遅いと、妻はしだいに夫をアテにしなくなります。言っても無駄だからと、ささいなことを相談することもなくなり、徐々に会話も少なくなっていきます。すると夫は、家にいてもなんとなく疎外感を持つようになり、家の中での居場所がないと思ってしまうのです。つまり、夫はあなたに相手にされず、寂しいのです。それで、あなたの目を引くために偉ぶったり、威嚇したり、あるいはうまく言葉にできないから態度で不満を表そうとするので

す。

モラハラ夫化してあなたをコントロールしようとしたり、あるいは、思わず怒鳴ってしまい、どうしていいかわからない状態なのです。

「はぁ？　子どもじゃあるまいし」。ですが、実際こうしたモラハラ夫の内心は、「子どもよりも自分を一番に見てほしい」という、小心者で寂しがり屋のかまってちゃんが多いのです。まるで5歳児。ママにかまってもらいたくて拗《す》ねて、甘えているだけなのです。

できる夫として見られたい

5歳児のように甘えていても、夫は立派な一家の主。むろんそれなりのプライドもあります。他人から〝できる男〟として見られたいし、そのために仕事も一生懸命がんばっています。そして、だれよりもあなたに〝できる夫〟として認められたい！　それが夫の本音であり、モチベーションとなるのです。

なので、夫のことを否定したり、プライドを傷つけるような言動は絶対にしてはいけません。よその夫と比べたり、収入に対する文句や夫の家族・友人の悪口など、夫が聞きたくない、言われたくないことをあげつらったりするのはもってのほか。せっかくがんばっている夫の心を折ってしまうことにもなります。

夫はあなたにほめられたくてがんばっています。夫のモチベーションをキープし、〝できる夫〟としてのプライドを満足させるためにも、がんばっている夫へ感謝の言葉を伝えましょう。

けれども、あなたは、夫ががんばっていることも、感謝すべきであることもわかっているのに、夫に感謝「できない」と思っていますよね。感謝できないのは、あなたが悪いわけじゃありません。これまでのゴタゴタで積み重なった怒りや悲しみ、苦しみといった感情が、置いてけぼりになって、心がささくれ立っているだけなのです。

まずは、傷ついた心のささくれを癒してあげてください。それには、自分の心に寄り添って、自分の心を元気にしてあげましょう。まずは、自分を大切にすることが大切です。

妻が喜んでくれるのがうれしい

夫が幸せを感じるときはどんなときだと思いますか？　意外かもしれませんが、「妻の笑顔を見ているとき」、つまり、あなたが笑顔でいるときです。

なので、あなたは頼るべきところは夫に頼って、笑顔で「ありがとう」って伝えるだけでいいのです。夫にとっては、それが何よりうれしいことなのですから。

そう、女性が思っているよりも、男性の脳はずっと単純なのだと認識しましょう。

あなたが笑顔でいると、夫も「自分が妻を幸せにしてるんだ」と自信をもてて、その笑顔を絶やさないためにももっとがんばろう！　という気になるのです。

夫はあなたの笑顔が見たいのですから、自分の機嫌を自分でとれるようになり、いつも笑顔の妻になりましょう。

妻だけのスーパーヒーローでいたい

「男は敷居をまたげば七人の敵あり」ということわざがあるように、働く夫にはいろいろな苦労があります。もちろん現代では男性に限ったことではありませんが、家ではリラックスして疲れた心とカラダを休めたい、という思いは同じです。なのに、疲れて帰っても妻がイライラしていたら……。それだけでも家には帰りたくなくなりますよね。

あなたの笑顔が見たいというのは、言いかえればあなたの笑顔でほっとしたい、ということです。どんなに仕事がたいへんでも、帰れば妻が笑顔で迎えてくれる、家族のいる場所(家)が自分の心安らぐ場所であり、なんとしても守りたい、いつも自分を応援してくれる妻を守る「妻だけのスーパーヒーローでいたい」、これが夫の本音なのです。夫が帰ってきたら、笑顔で「お帰りなさい」「お疲れさま」と言ってあげてください。

夫はこんなときに結婚を後悔している

夫が結婚を後悔するきっかけとなるポイントはいくつかあります。後悔が続くと、やがては「離婚」ということにもなりかねません。そうしたことにならないよう、修復可能なうちに夫の本心を知って、こじれた夫婦仲を改善しましょう。

妻に頼りにされていない

「妻に頼りにされている」という実感は、あなたのヒーローになりたい夫に自信とやる気を与えます。なのに、あなたがなんでも１人でこなしてしまっては、あなたにとって「自分は必要ない存在」なのだと思い、あなたを幸せにしたいという気持ちも薄れていきます。

よく、浮気をした男性が「キミは１人でも大丈夫だけど、彼女（浮気相手）は僕がいないとダメなんだ」などと言い訳するのはまさにこれです。男性は好きな人に頼られることに自分の価値を見出し、満足するのです。かといって夫に依存するのはＮＧです。「甘える・頼る」と「依存」は全然違います。「甘える・頼る」ができるのは精神的に自立している妻。素直にやってほしいことをリクエストできるから、夫は喜んでやってくれます。さらにそういう妻は「ありがとう」と素直に言えちゃう！　だからどんどんいい循環が生まれていきます。

やってあたりまえの態度をされる

夫が家事育児をしてくれたとき、あなたはちゃんと「ありがとう」って伝えていますか？　もしかしたら、そんなのやってあたりまえよ！　だって2人の子どもなんだし！　と思っていませんか？

女性ならだれだって「夫もやってあたりまえ」という考えに共感できます。ですが、こうした態度も、夫に結婚を後悔させることの1つです。

もちろん、夫が家のことを手伝うのは当然のことです。1人で全部あなたが抱え込む必要はまったくありません。

ですが、ちょっと考えてみてください。なんのために2人で暮らしているのでしょう。家事育児をなすりつけ合うためですか？　違いますよね。お互いできない部分をカバーし、助け合うために2人で暮らしているのです。

そして夫に感謝をできないときは、あなたががんばりすぎている場合が多いのです。「私はこんなにがんばってるんだから！　あなたもやってあたりまえよ！」と。

それぞれが、お互いの役割を毎日精一杯、がんばっているのです。それに心底気づいたら、自然と感謝の気持ちが溢れてきますよ。

常にダメ出しをされる

せっかく夫が家事を手伝ってくれても、「あ〜、そうじゃないんだよなぁ」って思うこと、ありませんか? お皿洗いや洗濯物のたたみ方、あなたにはあなたのやり方があって、それがマイルールになっているから夫のやり方が気になって、ついダメ出しをしてしまう。ひどいときは、夫から仕事をとりあげて自分でやり直す……。これでは、どんなに心の広い夫だって、やる気がなくなります。

男性はプライドの塊。とくに妻の前では「カッコ悪い自分は見せたくない」と思っているので、妻からのダメ出しで夫の心はポキンと折れます。最初から〝完璧〟を求めず、まずは「ありがとう」と感謝の言葉を伝えましょう。

セックス断固拒否

日本人は性に淡泊で、世界でももっともセックス回数の少ない国といわれます。それを裏づけるように、30代でも約半数の夫婦がセックスレス、というデータもあるほど。レスの理由は、「疲れている」「性欲がなくなった」などさまざまですが、「一度断られてから誘えない」という、たった1～2度夫婦のタイミングが合わなかっただけでセックスレスになってしまう場合もあるのです。

確かに30～40代は男女ともに人生で一番多忙な時期ですし、20代のようにパワーで乗り切る体力もありません。夜は疲れてとにかく寝たい、という気持ちもよくわかります。しかし、「夫婦生活」というように、セックスは夫婦の基本。なによりも、男として、女として、愛し、愛されているということを実感できる最高のコミュニケーションです。スキンシップをとることで、お互いに本音を言いやすくなり、相手に優しくなるチャンスでもあるのです。

特に男性は妻からセックスを拒否されると、「自分自身を否定されている」と受けとります。もしもあなたが夫からの誘いを断るのであれば、その理由をきちんと伝えることが夫婦関係を良好に保つポイントです。

すでにセックスレスが続いていて、いきなりはハードルが高いというならば、ハグなどのスキンシップで少しずつコミュニケーションをとっても。ハグにはストレスが30％軽減するというデータがあるほど、癒し効果があります。日常から意識して夫に触れるようにすることで、拒否していた気持ちも和らいでいきます。

子ども・家庭優先で居場所がない

子どもが生まれると、妻は子どもにかかりきりになり、夫のために使う時間が減っていきます。仕方ありませんよね、仕事に家のこと、子どものこと、全部やらなくてはいけないのに、1日は24時間しかないのですから。

でも、そうなると夫は不満を感じてしまいます。もちろん、夫も頭ではわかっているのです。子どもには手がかかるし、ほかにもやることがいっぱいあって、妻は忙しいということ。ですが、仕事から帰っても妻が子どもにかかりきりだったりすると、「なんで？　俺のこと、もっとかまってよ」って思うんです。なにせ男性は何歳になっても〝甘えたがりの5歳児〟ですから。

そして、妻が子どもを優先しすぎると、夫は寂しくて疎外感を抱いてしまい、自分の居場所がなくなったと思ってしまうのです。

夫が勝手に不機嫌になっているときは、寂しさの裏返し。大切に思ってることを、言葉や態度で伝えてあげることで、夫は一気に幸せな気分になります。

また、夫婦2人のときは趣味や友人関係など、それぞれの時間があったのに、子どもが生まれると妻は一気に家庭優先、子どもとの時間が中心になります。たとえ共働きであっても、実際に家事や子どもの世話をするのはほとんど妻の役目。

そうやって積み重なった不満から、妻は少しずつ夫にも家庭を優先するように求めます。すると夫は、「夜は早く帰って子どもをお風呂に入れて」「休日は子どもを遊びに連れて行って」といった妻からのヘルプをも、キュークツな縛りに感じるようになってしまうのです。そして、縛りが強ければ強いほど、逃げ出したくなるのです。

妻が幸せそうじゃない

実は、夫にとってはこの「妻が幸せそうじゃない」ことが一番キツく、もっとも結婚を後悔することなのです。だって、あなたのことが大好きで、あなたをずっと笑顔にしたいと思って結婚したのに、あなたから笑顔が消えてしまったのです。妻が幸せそうじゃないのは自分のせいだと思い、妻を幸せにできていないことに男として自信をなくし、結婚を後悔してしまうのです。

あなたが笑顔でいられない理由のほとんどは、あなたが抱えている〝思考のクセ〟が原因です。夫婦の未来のためにも頑固な〝思考のクセ〟を改善し、自分の機嫌は自分でとれる自分になり、笑顔でいられるよう心がけましょう。

家事・育児をしたいのに断られる令和夫の苦悩

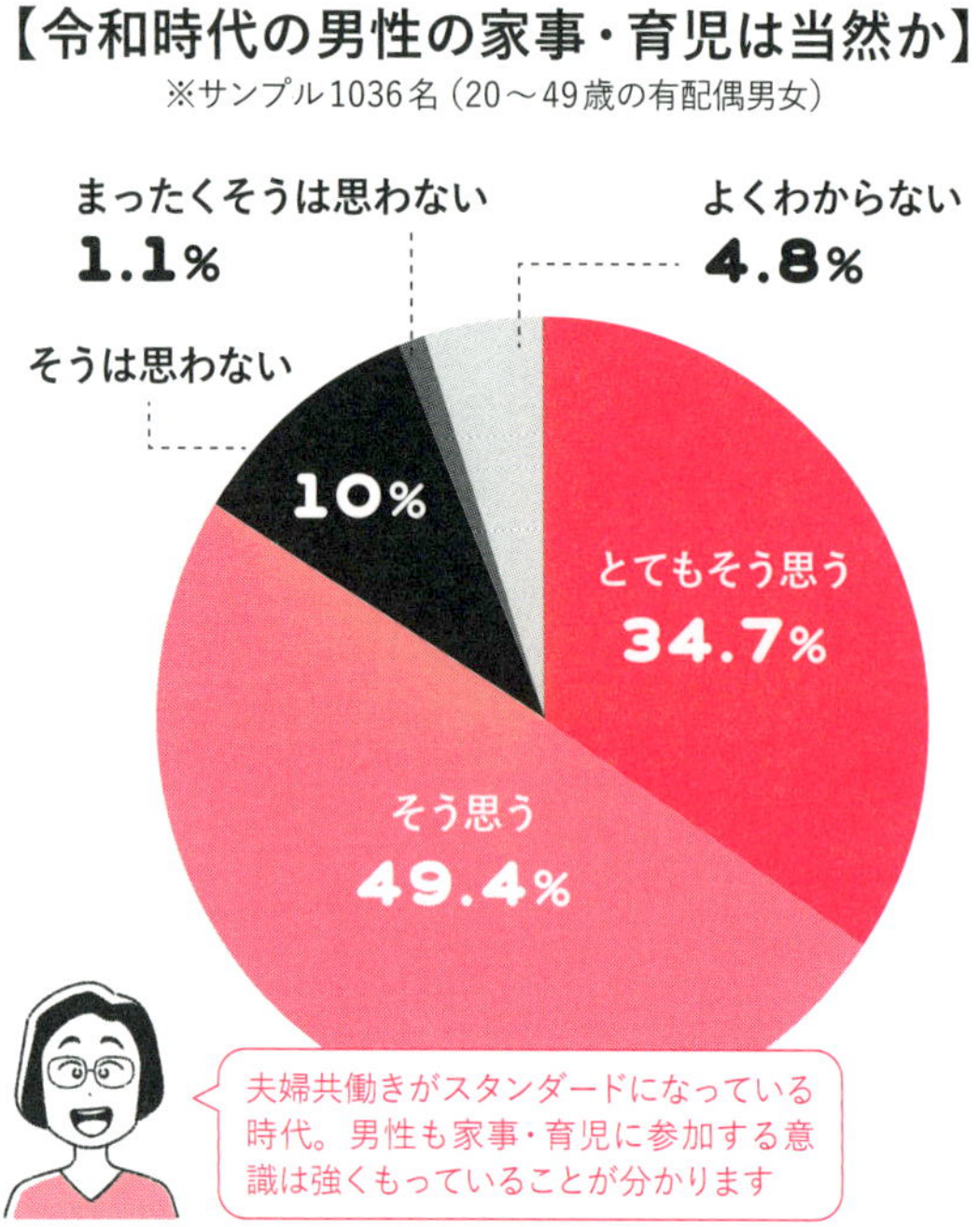

※サンプル1036名(20～49歳の有配偶男女)

夫が家事や育児を手伝ってくれない、と悩む妻は多いもの。ところが、20～40代の有配偶者男女1036名に聞いたアンケートでは、8割を超える男女が「男性が家事育児をするのは当然」であると答えています。

アンケート結果のとおり、夫たちの家事・育児に対する意識はとても高く、やる気もあります。しかし妻にとっては、そのやる気が家庭内ではうまく生かされていないことが、悩みとなっているのも事実です。そして、それには妻自身の完璧主義や良妻賢母的な意識が、夫の家事・育児への参加を妨げている可能性があります。

私が夫の手伝いを拒否などするわけがない！　という方も多いでしょう。ですが、夫が家事をしたとき、やり方に文句を言ったり、あるいは、任せると時間がかかる、二度手間になるからと思って「大丈夫」と断ったりし

【家事・育児を積極的におこなったか】

※サンプル520名（20～49歳の有配偶男性）

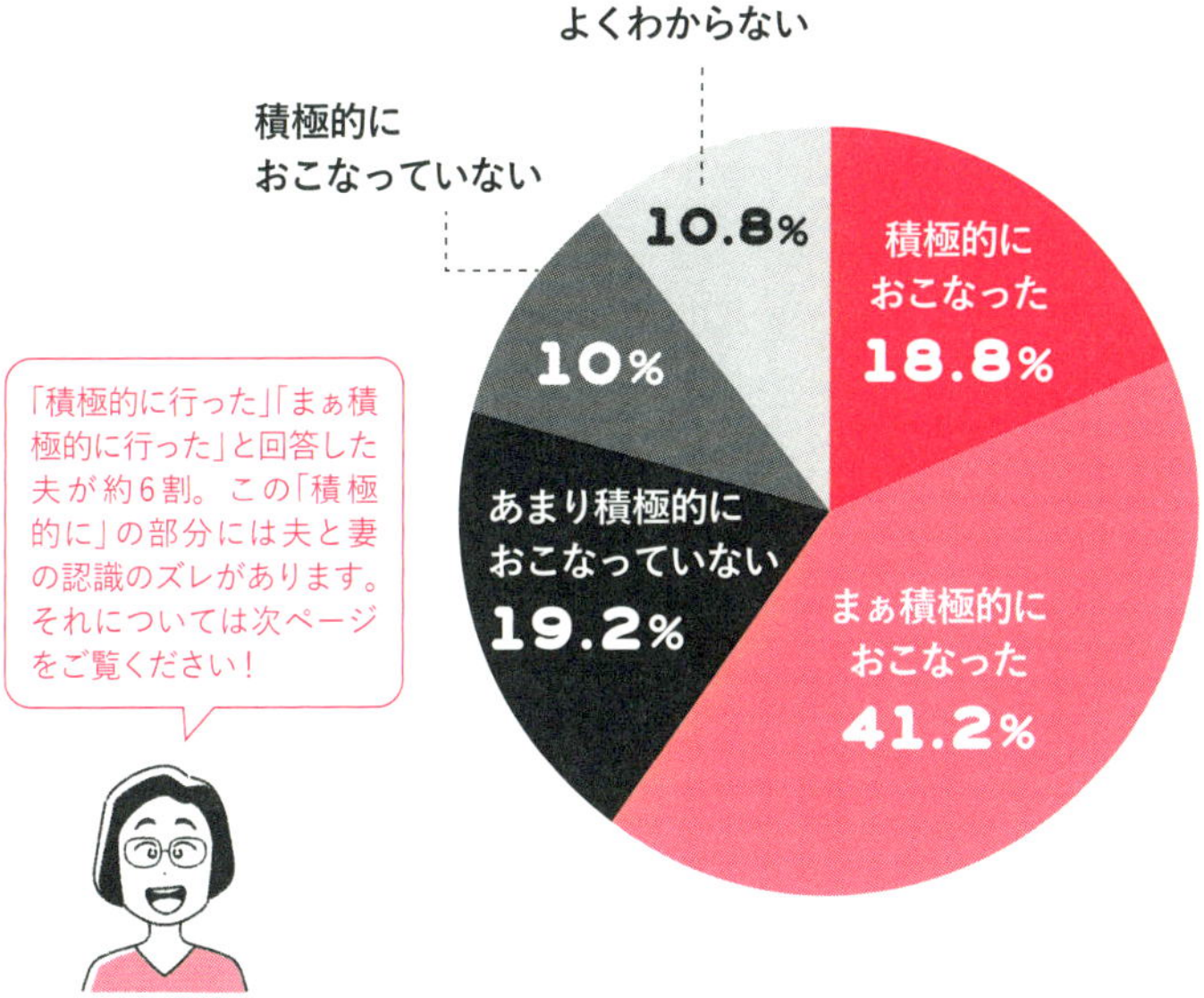

たことはありませんか？　こうした小さなことの積み重ねが、夫の家事や育児に対するやる気をそいでしまうのです。

男性は、女性に比べて圧倒的に家事・育児の経験値が少なく、とくに育児に関してはまったく歯が立ちません。

また、男性は「察する」ことができず、家事の範囲もわかっていないため、夫と妻では朝のゴミ出し1つとっても、家中のゴミを1つの袋にまとめる妻と、袋を出すだけの夫では、家事に対する認識が違います。

上のアンケートで、「家事・育児を積極的におこなった」と答えている夫が6割にも達していることからも、男性の家事に対するとらえ方が妻と違うのは明らかです。

自発的に家事・育児を手伝う夫になってもらうためにも、最初のうちは失敗も許せる広い心で見守ることが大切です。

出典：「家men総合研究所」（株式会社東北新社）2020年1月16日

「あまり積極的に行っていない」「積極的に行っていない」

夫の心理 と 妻の対策

夫の心理

ちゃんとできないし、妻に任せたほうが安心

妻の対策

夫に、あなたと同じレベルを求めても無理だということに気づいてあげる。時間をかけて〝育てあげる〟つもりで見守る。

夫の心理

料理しながら、皿洗うのとか無理だし

妻の対策

女性は料理をしながら、片づけながら、洗濯もできるが、男性は、目の前のこと1つしかできないことを理解する。

夫の心理

親の自覚が薄いのかな

妻の対策

妊娠した途端に母になる女性に対し、男性は子どもが生まれてから徐々に父になる。その時間差があることを理解する。

夫の心理

仕事のことでいつも頭がいっぱいだよ

妻の対策

家族に興味や関心がないわけでないが、ときどきしか入ってこない家事の情報は記憶に残らないことをわかってあげる。

夫の心理

これ以上、何をやればいいんだ？

妻の対策

夫と妻では、「ゴミ出し」や「洗濯」など、1つの家事をとっても範囲の認識が異なる。やってほしい範囲を分かりやすく伝える。

夫の心理

カッコ悪いところを見せたくない

妻の対策

とくに、育児に関しては妻にはかなわない。1つでもやってくれたら、完璧でなくても思いっきり感謝する。

家事・育児をしない夫を動かすポイントはこの3つ！

① 自分と夫との違いに気づく

男女の差、感覚の差が夫と違うことを理解すると、これまでカチンときていた夫の言動にもあまり腹が立たなくなる。

② 夫の心理を理解する

とくに育児は「ママにはかなわない……」と思っている（子宮の力は大きい！）。なので、簡単なことから具体的に言葉でリクエストする。

③ あなたの意識（考え方）を変える

家事育児を完璧にやるのが仕事ではなく、夫を「父親」「家事をする夫に育てる」のが仕事と考える。

夫が離婚を口にする心理状態

夫から突然「離婚しよう」と言われたら……。

まずは深呼吸をして落ち着きましょう。

夫が「離婚したい」と言っても、あなたの同意がなければ離婚は成立しません。

このことを認識したうえで、自分の意思を確かめます。「離婚も仕方ない」と思うのか、「離婚したくない」のか、あなたはどちらでしょう？　離婚は人生の一大事。決して早まって行動してはいけません。じっくりと自分の意思を確認することが最優先です。

夫は困っている、迷っている、不安な状態

自分の意思がはっきりしたら、次に夫の様子を確認しましょう。離婚を切り出しながら何も行動しないようであれば、あなたを試しているだけということが考えられます。本当に離婚したければ、すぐに行動するものです。

離婚を切り出した夫も不安なのです。自分でどうしたらいいかわからずに迷って困っている、そんな状態でしょう。さらに、あなたを幸せにするために結婚したのに、それができない自分に腹を立てている状態です。

だからこそ、夫婦関係改善のチャンスです。そのためにも、夫の言動にいちいち惑わされないあなたになること。つまり「自分軸になる」ことを目指しましょう。あなたが、自分の人生を自分のものとして楽しめるようになっていくと、いつのまにか夫婦円満、人生も豊かになっていきます。ピンチはチャンス。夫が「離婚！」と騒いでいるうちに、サクッと関係を修復しちゃいましょう。

夫に離婚したいと思わせる妻の特徴

夫に離婚を切り出される妻には、共通してみられる5つのポイントがあります。今は問題なくても、放っておくと離婚の危機を招く原因となります。どれか1つでも当てはまったら、今すぐ見直しましょう。

1 不平、不満、愚痴が多い

一生懸命がんばっているのにうまくいかず、我慢をしたり諦めたりしてると、不平や不満、愚痴がたまってきますよね。不平や不満はため込まず、相手に自分の正直な気持ちを伝えましょう。

ただし、感情的になってはいけません。感情的な訴えは、男性がもっとも嫌うもの。しかも、感情的に訴えても夫は「なにか怒ってるなぁ〜」と思うだけで、何も届いていません。あなたが抱えている問題をわかりやすく伝えるためにも、一呼吸おいて落ち着きましょう。

一般に、怒りの感情のピークは6秒間といわれます。一呼吸おくことで感情的にならず、冷静に話すことができるようになります。

また、愚痴を言っても何も解決しないことを理解してください。

愚痴を言えば、言うほど嫌われてしまいます。

愚痴を言いたくなるのは、不平不満が心の中にたまったままになっているからです。

ですから、心にたまったものを紙に書き出すなどして、スッキリさせることが一番です。冷静に自分の気持ちを伝えるためにも、ぜひ、やってみてください。

2 発言や行動を否定する

夫に度々反論したり、やることを否定したりするのも、夫に離婚を考えさせるポイントの1つです。たとえば、夫の言っていることに納得できないことがあっても、それは仕方のないことなのです。考え方や価値観、感覚は人それぞれ、皆違うのですから。

まずは相手との違いを否定せず、意見を聞いて受け入れることからはじめましょう。違いを認めあってこそ、互いの世界も広がります。

行動についても同じです。せっかく夫があなたを手伝おうとしてやってくれたことを否定していたら、夫のプライドはズタズタです。否定する前にまずは感謝の気持ちを伝え、「こんなやり方もあるよ」と示してみるなど工夫をすれば、夫も傷つかず、お互いイヤな思いをすることもありません。

3 話を聞かない、無視する、拗ねる

妻が自分の話を聞いてくれない、無視すると悩む夫がいます。ですが、実はこれ、夫自身が妻にしてきたことのブーメランの場合が多いんです。妻は、夫に話を聞いてほしくていろいろなアプローチをしてきたのに、全然話を聞いてくれないので、「この人には何を言っても無駄だ」とさじを投げてしまったのです。夫のほうは忙しかったり疲れていたりして、妻の話を受け流してしまっただけで、無視したつもりなど毛頭なかったのかもしれません。ただ、こうしたことが続いて、妻の堪忍袋の緒が切れちゃったんです。

あなたが夫に不満や愚痴を聞いてほしいように、夫もあなたに自分の苦労をわかってもらいたいし、がんばりを認めてほしいと思っています。ですが、前述したとおり男性はプライドが高いので、妻に泣き言は言いたくないし、言えないのです。

お互い、自分の話を聞いてほしかったら、まずは相手の話を聞くことから始めましょう。

4 子ども優先

妻が子ども優先になると、思った以上に夫は疎外感を覚えています。夫婦2人のときは夫第一だった妻が、子どもが生まれると子ども第一、夫は2番目となり、2人目が生まれれば夫は3番手に……。仕事で疲れて帰っても、優先順位が下がった夫は、常に後回し。そんなことが続けば、不機嫌にもなりますよね。何しろ、男性は前述したように〝甘えたがりの5歳児〟なのですから。

あなたが優先すべきは、子どもではなく夫との関係です。とはいっても、子育てをおろそかにするわけにはいきません。なので大事なことは夫を子育てに巻き込むこと。コツは、子どものことをどんどん相談してみることです。

女性は妊娠中から母親になりますが、男性は赤ちゃんが誕生してから父親になるので、育児が女性よりも下手なのは当然なのです。はじめのうちはぎこちなくても、すぐに慣れます。夫も頼られてうれしいし、子どももパパと一緒で喜びます。夫が気にしていた疎外感など、あっという間に吹き飛びます。

5 浮気を疑う

夫の帰りが遅くなったり、出張や休日出勤で家を留守にすることが増えたりすると、「もしかして……」って浮気を疑いたくなること、ありますよね。そして、一度疑い出すとキリがなくなり、夫のやることなすことすべてがあやしく思えてきます。しかし、携帯やカバンを漁っても、不安はなくなりません。浮気を疑って、夫のすべてを知っておきたいという支配欲から夫の携帯を見ても、いいことなど1つもありません。携帯を見たことを夫が知れば、夫からの信用も失います。

夫の疑惑に目を向けるのはやめて、自分の楽しみを見つけましょう。「男は浮気するもの」という〝思考のクセ〟も解放しましょう(→76ページ)。

離婚モードは妻次第で解消できる

男女とも、離婚理由の1位を占める「性格の不一致」。しかし、「性格の不一致」で離婚する夫婦の本当の離婚理由は、「コミュニケーション不足」です。夫婦が本音で語り合えていないから、最悪の結果を迎えてしまうのです。

しかし、こうした状況は、あなた次第で解決できます。あなたが自分自身の本当の気持ちに気づき、変わることで、離婚モードに入った夫の気持ちを変えることができるのです。離婚のスイッチボードはあなたの手にあります。

性格の不一致とは

夫婦が本音で語れないのは、「これくらい、言わなくてもわかるよね」と夫に過剰な期待をしたり、そもそも本音で語るのが苦手だったりするから。女性と違って男性には〝察する〟能力がありません。無駄な期待はバッサリと切り捨てましょう。

また、もしかしたらあなたは、子どもの頃に本音を言って断られたり、否定されたり、自分の思いを伝えてつらい目にあった過去があるのかもしれません。その相手は目の前の夫ではありませんよね。大丈夫。夫はあなたの味方です。本音で向き合いましょう。

いろいろなトラブルは、あなたが自分の本音に気づかず、本音を隠していることが原因ということも大いにあります。もしあなたが、夫と毎晩ケンカをくり返しているとしたら、それは本当に伝えたいことを伝えていないから。自分の本音をしっかり探ってみましょう。

「私ならこうするのに！」をやめる

家事や育児って、小さなところにやる人のこだわりがあったりします。なのに、夫があなたとは違う、夫なりの方法でやっていたら「そうじゃないの！」って、つい口出ししたくなっちゃいますよね。

でも、夫とあなたの考え方が違うように、家事や育児の方法だって人それぞれ。ですから「私ならこうするのに！」という考えはやめましょう。

慣れない夫がすることに、完璧を求めるのもＮＧです。いったん夫に任せたら、途中で口出しをしたり、仕事の出来具合に文句を言ったりしてはいけません。洗濯物のたたみ方がいつもと違ったっていいじゃないですか。食器も汚れが落ちていて、割れてなければＯＫ！　くらいの気持ちでいきましょう。マイルールの押しつけは夫のやる気をそぎ、「二度と手伝うものか」と思わせてしまいます。それよりは、子どもの成長を見守るように、家事に不慣れな夫を〝育てて〟いきましょう。

夫の話をまず聞く。否定しない。

夫に話を聞いてほしいと思うなら、「聞いて、聞いて！」とアピールするのではなく、先に自分から夫の話を聞いてあげましょう。夫の話を否定や批判をせずに最後まで聞く。自分がやってもらいたいことを、やってもらいたいように夫にやってあげるのです。

聞き上手は、コミュニケーションの基本です。たとえ夫の話に納得いかないところがあっても途中で口を挟んだりせず、自分よりも相手の気持ちを優先して「そうなんだ、なるほど～」と、話を最後まで聞くこと、否定しないこと、それが大事です。

そのうえで感情的にならず、「私はこう思うな」と、自分の意見を伝えてみましょう。相手を否定せずに自分の意見を伝えることで、プライドを傷つけることなく、相手にもあなたの意見を受け入れやすくして、考える余地を残します。

自分だけが正しいを手放す

私たちはだれでも「自分の正論」「自分の正しさ」を持っています。そして判断基準はいつもその「自分の正論」の枠の中でだけで判断しています。

夫の意見が「自分の正論」に合わない場合、「それは違う！」「間違ってる！」とあなたは判断し「自分の正論」を強く主張したり、夫を攻撃したり……。心当たりありませんか？

ここで、気づいてほしいのです。あなたの「自分の正論」「自分の正しさ」はあなただけの「正しさ」なんです。人それぞれ正しさの基準が違うんです。ですから、あなたは「自分の正しさ」の枠を少し広げるために、夫の「正しさ」にも耳を傾けましょう。

するとと今まで、見えなかったものが見えてきて、生き方が豊かになります。何より夫とぶつかることも減り、一石二鳥です。

我慢までして夫に合わせすぎない

もしかしたら、夫に愛されたいと思っているあなたは、「自分だけが我慢すれば」「ここは自分が引いて夫を立てておけばうまくいく」と思って、夫に合わせているかもしれません。

しかし、無理に我慢をしても不満がたまるだけ。結局はうまくいきません。そもそも、あなたがすべてを夫に合わせ、我慢する必要なんてないんです。夫が不機嫌なときに無理矢理夫に寄り添い、なんとか機嫌を直そうと思っても、かえって機嫌を損ない、不機嫌が増殖してしまいます。

夫婦がうまくいくためには、「夫の機嫌に左右されない」ことが大切です。夫が不機嫌でも、あなたは何もしなくていいのです。放っておいて大丈夫。時間ともに自然に機嫌は直ります。ただし、無視ではなく、見守ってあげてね。

夫の欠点・嫌な部分に集中しない

夫との関係が最悪だと、顔を見るのも嫌になってきますよね。なのに、嫌になれば嫌になるほど、夫の欠点や嫌な部分ばかりが目について仕方ない……。これは、「脳のRAS機能」のせいです。あなたが夫の嫌いな部分・欠点を気にするほど、RASが「夫の嫌な部分に注目！」と指令を出し続けます。ですからますます夫の嫌いな部分しか見えなくなってくるのです。では、RASをうまく活用して「夫のいい部分」に注目する方法をご紹介します！　3ステップです。

①朝イチで「夫のいいところ探し」を決める

朝起きたとき、「今日は夫の○○なところを探そう！」と決めてみてください。たとえば、「今日は、夫が私を気遣ってくれる瞬間を探そう！」「夫の助かる行動を3つ見つけよう！」のように朝に意識をセット。すると、RASが「それに関する情報」を拾い始めます。

②「感謝メモ」をつける（小さなことでもOK!）

夜、夫の「ありがたかったな」「助かったな」と思ったことを1つでもいいのでメモに書きます。たとえば、「お皿を運んでくれた」「私が疲れているのを察してくれた」「ゴミを捨ててくれた」など。書くことでRASが「夫のいいところ」をさらに強化してくれます!

③夫に直接伝える（または心の中でつぶやく）

②で見つけた「夫のいい部分」を、実際に言葉に出して伝えると効果が倍増します!「お皿を片付けてくれて助かった!」「疲れているのに気づいてくれて、うれしかった!」などなど。もし直接伝えるのが難しい場合は、心の中でつぶやくだけでもOKです。言葉にすると「夫のいいところにフォーカスする脳」が育つので、どんどんポジティブな面が目に入るようになります。

この習慣を続けると、自然と「夫の嫌な部分」よりも「夫のありがたい部分」に意識が向くようになり、夫婦関係がどんどんよくなっていきます!

性格の不一致は離婚すべき？

多くの女性が悩み、離婚原因ともなっているのが、夫との「性格の不一致」です。あるアンケートでは、既婚女性の約7割が「夫と合わないと感じたことがある」と答えています。

そもそも、夫婦といえども価値観や考え方が違うのはあたりまえのこと。性格が合わないだけで、「あなたとは一緒に暮らしていけない、離婚よ！」となったら、ほとんどの夫婦は離婚しなければならなくなってしまいます。なのに、好きな人を前にすると、ついこの大前提を忘れちゃうんです。

いつも2人で同じものを見て、笑って、楽しみたい。この人とならそれもできるはず……って思っちゃうんです。その気持ちはとてもわかるし、大切です。とはいえ、相手には相手の意思があります。好きも、嫌いも、やりたい、やりたくないも、ぜーんぶあなたと一緒、なんてことはあり得ません！　互いの違いを認め合い、すり合わせていくことこそが大切なんです。

また、2人の意見がすれ違ったときに、お互い「自分の意見・考え方が正しい！」と思って自分の意見を曲げないために、ケンカになってしまうということが夫婦間ではよくあります。すると、「やっぱり、私とあなたは合わないわね」と言って、相手の言うことを聞かず、シャットアウトしてしまう……。これでは、遅かれ早かれ夫婦関係は破綻してしまいます。

こんなときこそ、「結婚して夫婦になったとしても価値観や考え方は違うんだ」という大前提を思い出しましょう。そして、自分が正しいことを主張せず、相手の意見や考えを聞いて、否定しないで尊重しましょう。相手が「自分とは違うからこそおもしろい」くらいに思うのが、ちょうどいいのです。

「俺と同じだけ稼いでみろよ！」夫の撃退法

この言葉、私は過去に、今は神ダンナとなった夫から言われたことがあります。夫婦の悩み相談を受けていると、このセリフを言われたという妻はけっこう多いです。あなただけではないので、まずは安心してください。

状況はたいてい似ていて、妻の夫への不満が爆発寸前状態。過去の私もそうでした。そして夫も、そんな妻の反発や不満をため込んでストレスがマックスに。それが原因で、夫婦ゲンカのときに売り言葉に買い言葉、つい男性が口にしてしまう言葉なのです。ですが、本心ではありません。その言葉に振り回されないでください。大丈夫、その状態になっても夫婦関係は変えられます! このあとお伝えする6つのポイントを押さえれば、夫が神ダンナになります。

1 2人に責任があることを自覚する

何度も述べますが、夫婦の間で起きている問題や悩みは、すべて2人に責任があります。これは夫婦仲改善のためのキホンのキ、絶対に忘れないでください。

そして、パートナーは自分を映し出す鏡です。「鏡の法則」によれば、夫の心ない言葉も、もとをたどればあなたの言葉や態度を映し出したものなのです。

ですから、目の前の現実を変えたければ、あなた自身が変わればいいのです。

2 妻としてのあり方を見直す

夫に愛されるために、自分を犠牲にして夫に尽くす妻。一見うるわしい夫婦愛のように思えますが、それは大きな勘違いです。言いたいことを言わずに我慢を続ければ、不満がたまってケンカになってしまうのは、これまでも見てきたとおりです。無駄な我慢などせずに、夫にあなたの本音を伝えましょう。本音を言ったら嫌われるのでは、などという心配はいりません。夫はあなたの本音が聞きたいのです。

ただし、夫の心の内にずけずけと踏み込むのは、ルール違反。本音で向き合うのと、相手の領域に土足で入り込むのは違います。夫婦といっても夫は他人。自分とは違う夫の意見や考え方を認めましょう。夫との間にある心の境界線を守って適度な距離感をたもつことが、心地よい関係の基本です。

3 夫の心理を知る

家事や育児をがんばっている妻に対して「俺と同じだけ稼いでみろよ！」というのは、絶対に言ってはならない言葉、禁断のＮＧワードです。

でも、家に帰ると、妻はいつもイライラしていて不機嫌で、つまらないことでケンカになる毎日……。そんな日々が続けば、「俺だって、仕事でたいへんなんだ」「もういい加減、勘弁してくれよ」という気持ちになり、妻を黙らせるためにこんなセリフも出てしまいます。

つまり、夫もどうしていいかわからず困惑している、お手上げ状態なのです。あなたもカッとなって言い返すのではなく、夫も混乱しているのだと思って夫を責めず、落ち着くのを待ちましょう。

4 お互いの忙しさを理解する

子どもが小さい頃は、たいていの家庭では、妻は家事と育児、仕事でいっぱいいっぱいなうえに、夫も働き盛り。人によっては中間管理職にもなっていて、忙しさがピークの時期です。お互いキャパオーバーとなってがんばっているため、どうしても自分のたいへんさばかりに目がいきがちです。

ですが、「私はこんなにたいへん！」「俺だって家族を支えるためにがんばってる！」と、忙しさ、たいへんさを自慢し合っても意味がありません。

もし、夫が浮気もせずに、しっかり仕事をして家にお給料を途絶えることなく入れてくれているのであれば、「たいへんなのは自分だけじゃない」ことに気づきましょう。そうすると自然に夫への感謝の気持ちも生まれます。

そして、あなた自身もがんばっている自分をほめてあげましょう。

5 お互いに言葉が足りていないことを知る

私が夫にこれを言われたときは、「毎日、自分がどんなにがんばっているのか」「どんなにたいへんだったのか」「毎日どれだけ我慢をかさねているのか」「苦しいのか」を訴え続けていました。けれど、本当はそんなことを伝えたいのではなく「もう一人でがんばるのは限界、助けて」とこの一言を言いたかったのです。

当時の私には「弱音は吐いてはいけない」「弱い自分はダメ」という〝思考のクセ〟

があってそんなことを言ってはいけないと思い込んでいました。

「助けて」と一言伝えられたら、きっと夫婦ゲンカは起きなかったかもです。

ですから、あなたがダンナさんに本当に伝えたいことは何ですか?

「助けて」「一言だけでいいからよくやってるねって言ってほしい……」。

あなたが本当に伝えたいことを伝えてみてください。

6 お互いに求め合っていることを知る

夫婦ゲンカは疲れます。なにも解決しないのに、なぜケンカになってしまうのでしょう。それは、お互いが相手とかかわっていたいから。本当に嫌いだったら、そもそも会話もないのでケンカになりません。

「本当のことを言ったら拒絶や否定、非難されるのではないか」と恐れているのは、いつのまにか抱えてしまったあなたの〝思考のクセ〟です。その困ったクセをサクッと取り去れば、一気に関係は変わります。

夫婦ゲンカからの仲直り法

1人で冷静になる時間をつくる

- お互いの感覚や考えの違いなどが原因なので、どっちが悪い、正しいではないことを理解する。
- ヒートアップして売り言葉に買い言葉になっていたら、いったんそこから離れて冷静になる時間をもつ。

夫婦ゲンカをこじらせないポイント

夫とケンカなんてしたくないのに、気がつくとケンカになっちゃう。

それは、あなたに夫に伝えたい、わかってほしいことがあるからなんです。「もっと私のことを見てほしい、毎日がんばっている私を手伝ってほしい」と伝えたいのに、本当に伝えたいことを伝えられないまま、イライラから夫を責め立て、ケンカになっているのです。

まずは自分の本音に気づいてください。

そのためにも、夫を論破して白黒はっきりさせようとしてはいけません。

夫婦ゲンカは負けるが勝ちと心得て、まずはケンカをしている土俵から降りてください。するとあなたは冷静さを取り戻すことができ、視野が広がり、目先の小さなこ

翌朝、ふだんどおりに挨拶する

●ケンカをした翌朝は、「おはよう」とふつうに挨拶して夫を送り出す。
男性は一晩おくと区切りがつくことが多い。

●蒸し返さない。

とにこだわっている自分を止めることができます。そして一見夫を優位に立たせているようで、実はあなたが夫を手のひらで転がす理想の夫婦を目指すことができるようになります。

また、ケンカをしても翌朝にはいつもと同じように「おはよう」と挨拶をして、ケンカに区切りをつけましょう。夫の中では、すでに夫婦ゲンカは終わっています。そこで蒸し返すのは無意味です。あなたの「蒸し返したい気持ち＝白黒つけたい気持ち＝モヤモヤしている気持ち」はすべてイコール。

モヤモヤが続くようならば、自分で具体的に何がどうモヤモヤしているのか、言語化してみましょう。それでスッキリ気持ちも落ち着きます。

サバイバルモードに効く
ハートコヒーレンス呼吸

「コヒーレンス法」「心臓呼吸」などとも呼ばれ、ストレスを解消し、心とカラダを健康な状態に導くといわれているメンタルトレーニングの1つです。

「男性性」と「女性性」

人間は、だれしも「男性性」と「女性性」をもっています。これは、肉体的な性別のことではなく、1人の人間の中にある2つの異なる性質を表しています。

男性の中にも女性性の性質があり、女性の中にも男性性の性質がありま す。このバランスが崩れると生きづらさが出たり、夫婦関係がうまくいかなくなってしまったりするため、男性性と女性性をバランスよく保つのが理想なのです。

男性性とはひと言で言えば、「果敢な行動力」です。理論的思考ができ、自分がやりたいことを粘り強く探求する力です。一方の女性性は、「心を察する感性」です。相手が何を求めているのかを察する能力が、非常に長けています。

この2つの性のバランスが整っていることで、私たちは自己肯定感を健全に育て、社会で力を発揮することができます。

ですが、「愛されていない」「大切にされていない」「認められていない」「わかってもらえない」など不安が強かったり、自分の存在意義や「捨てられてしまうかも」という思い込みが強まったりすると、サバイバルモードとなって男性性が強くなります。勝ちたい！ プライドを保ちたい！ という思いが高まり、そのために攻撃性が強くなり、逆にがんばらなければ！ という面が強く出たりしてしまうのです。

ハートコヒーレンス呼吸法とは

ハートコヒーレンス呼吸法とは、アメリカのハートマス研究所が開発したメンタルトレーニングです。ストレスを感じたときに、心拍リズムを安定させて脳への悪影響をとりのぞきます。すると、前向きに考えることが可能になり、ストレス状態から脱することができます。さらに、カラダの緊張をほぐし、集中力や睡眠の質を高めることができ、サバイバルモードになっている2つの性のバランスを整える呼吸法です。

サバイバルモードとは

次のいずれかにあてはまっていたら、サバイバルモードになっています。

①完璧主義/ちゃんとしないと愛されないと思っている。天真爛漫な人を見ると許せない!

②負けず嫌い/負けたくない! 人に優しくなれない状態。

③矛盾した環境/両親の教育方針が違っていて、どっちに従っていいかわからない、どちらにも愛されたくて自分を出せない状況。

④夫の愛を受けとれていないとき/夫の「ない」ばっかりを見ている。「愛されてない……」不安が強い状態。

ハートコヒーレンス呼吸法のレッスン

1日1回5分程度でできます。この呼吸法を身に付けて、
ストレスからくるサバイバルモードから解放されましょう。

❶

意識を心臓周辺に向ける。このとき、心臓の鼓動を意識しないように注意。

❷

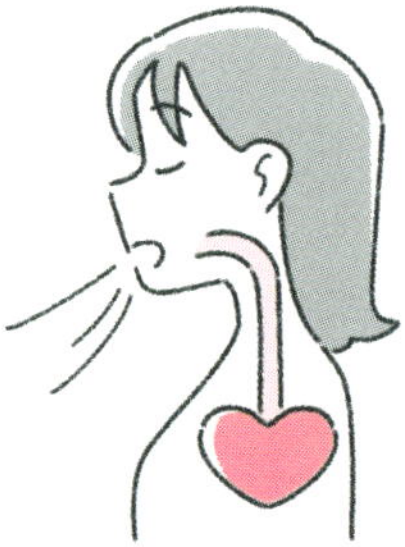

心臓周辺に空気の通り道があることをイメージしながら、4～5秒間隔くらいでゆっくりと呼吸（心臓呼吸）する。最初のうちはうまくできなくても気にせず、スムーズに呼吸することだけを意識する。

❸

心臓呼吸を1～3分ほど続けたら、家族や友人など、あなたのまわりの人を思い浮かべ、その人たちに「感謝」や「いたわり」「共感」などのポジティブな感情を向けながら、1回につき5分程度呼吸を続ける。難しい場合は、自分が一番落ち着ける風景や趣味などを思い描いてもよい。*

＊「心拍変動バイオフィードバックシステム」HP参照。

第3章

神ダンナがやってくるとってもかんたんな法則

「そんなにかんたんに神ダンナがやってくるわけないじゃない」
「うちは絶対に無理無理」と最初から否定しているみなさん。
だれの元にも神ダンナがやってくる、
目からウロコの法則をここに公開します。
まずは「幸せになる!」と
あなたが決めるところからスタートです。

がんばるのを止めたら夫が神ダンナになった！

冷め切った夫婦関係が続く中
それでも私は
夫婦仲改善ブログを
読み続けていた
夫婦仲がうまくいかないのは必ず2人に責任があります。
私のどこに悪いところがあるっていうの…？
家のこと全部
私に押しつけて
何もしないのは
大輔のほうじゃない
私だけが
がんばって
我慢して
バタバタ
でもちゃんと
できなくて
イライラ
して…

その感情を
大輔に…
よっ…
愛美さんも
気づき始めた
ようですね
うわ!? ブログの先生だ!?
庭田です♪
夫だけが悪いと
思っているうちは
どんなにがんばっても
夫婦関係は改善しません
夫婦の問題は
2人の責任！
「自分にも責任がある」と
認識することが
夫婦関係改善の第一歩
なんですよ
愛美さんは今
その第一歩を
踏み出そうと
しています♪
すばらしいっ
夫も夫なりに
がんばってくれ
てるのは
わかってる
つもりなん
ですけど…

つい嫌なところばかり
目についてしまって
不満をぶつけてしまう
自分が…
その調子です
愛美さん！
え？
がばっ
ダンナさんの
RAS設定が
変わる兆しが
見えてきて
いますよ！
らす…？
RASとは…
ダンナ
嫌なヤツ
設定
完了
何もしない
ダラダラ
脳の機能であるRASが一度
相手を「嫌なヤツ」と設定してしまうと
RAS（40ページ）でどんどん相手の
嫌なところばかりに目がいくように
なってしまうこと
相手のいいところが
見えるようになるには
RASの設定を変える
必要があるのですが…
何か方法が
あるんですか？
それは…

自分を愛してあげること！
ご自愛〜♡
ギュ…
自分を…？それでRAS設定が変わるんですか…？
愛美さんがんばり屋さんでしょう？
夫やだれかのためじゃなくまずは自分で自分を認めてあげてください
今日もがんばったね♡
たとえば、寝る前とかお風呂の中とか1人になったときにね
自分を愛せるようになると心に余裕が生まれ感謝の気持ちが芽生え
今日も一日
がんばったよね♪
大輔もおつかれサマ♡
愛美もおつかれサマ♡
明日の元気チャージ！
ダンナさんの愛にも自然と気づけるように…不思議と夫婦の関係もうまくいくようになります♪

でも…
夫としばらく
まともな会話
してなくて…
うちなんて
1年以上
まともな会話
なかったんだから
大丈夫！
庭田先生
も…!?
1人でなんでも
やろうと思わず
ダンナさんに
もっと頼って！
夫婦なんて
けっこう単純よ
では
帰って
行った…
1人で
がんばり
すぎないか…
数日後
バタ バタ
だら〜
大輔だけ
ズルい
私だって
休みたい
のに…
はっ

まあ…
今週も遅くまで残業だったもんね…
…あのさぁ
大輔
な、
なんだよ…
…掃除機
最近 調子悪いの
見てもらってもいい？ そろそろ買い替えかな…
埃が詰まってただけみたいだからこれで直ったと思うけど…
ほんと？
パパ直ったのー？
直ったってパパすごいね
すごーい！

な 何？
なんか…
愛美の笑顔
久々に見たなと
思って…
何それ
掃除機
直ったぞ
そうだ！
皆でおやつ
食べないか？
昨日 得意先から
もらったお菓子が…
わーい！

じゃあ私
準備するね
いいよ
俺がやる
え？
愛美も最近
忙しかっただろ
少し休んでて
…ありがとう
あ、アレ？
お皿は？
コップは…？
ドコだー…
…
お皿は
そこの棚ね
もー
私お茶淹れるから
お皿並べて
もらってもいい？
おお！
最近 仕事がさぁ…
休日も接待ゴルフ
ばっかだし…
楽しそうに
見えるけど？
あれ…？
もしかして私
大輔と普通に
会話できてる…？
俺だって
休日くらい
家で家族と
ゆっくりしたいよ
…そうなの？

なんかこういうの久しぶり…
素晴らしい変化です愛美さん！
再び庭田です
わっ
先生！
今ダンナさんの行動が少し変わったと感じましたね？
それは愛美さん自身が変わったからなんですよ
愛美さんの心に余裕ができたから… 今の大輔さんは愛美さんの笑顔や家族のために夫としての行動が素直にとれるダンナになったの…
GOD DANNA
まさに神ダンナね
大輔が神ダンナ…？

愛美？
はっ
な、なんでもない〜っ
おやつ食べよっか！
わー美味しそう！
いただきまーすっ
私たちまだまだ未熟な夫婦かもしれない
でもきっと
今日はママご機嫌だな
私たちなら少しずつ変わっていけるよね
別に

「結婚＝●●」の○○にはどんな言葉が入りますか？

あなたは「結婚＝○○」の○○にどんな言葉を入れますか？　願望ではなく、ふと浮かんできた言葉を入れてください。あなたが入れた言葉であなたの結婚生活、夫婦の未来が見えます。たとえば、

結婚＝縛られる
結婚＝自由がなくなる
結婚＝修行

みたいな言葉が浮かんできたら、そんな結婚生活を引き寄せてしまうということです。あなたの結婚生活をちょっと振り返ってみてください。「結婚＝修行」という言葉を思いついた相談者のFさんも、「結婚＝我慢が大事」と言った相談者のNさんも、まさにそのような結婚生活を送っていました。

結婚＝我慢

いったいなぜ、こんな言葉が出てくるのでしょう。それは、あなたの子どもの頃の親との体験からきています。昭和世代の両親、とくにお母さんの様子を見ていて、「お母さんばっかりたいへんだなぁ」とか、「お父さんはわがまま放題なのにお母さんは我慢してるなぁ」とか、子ども心にインプットされた「結婚」に対する思考が現実化したのです。考えていること（思考）は具現化します。だからこそ、その〝思考のクセ〟を変えることが必要になります。

あなたはこれからどんな結婚生活を送りたいですか？　あなたが送りたい結婚生活を「結婚＝○○」と何度もくり返して自分に言い聞かせることが大切です。

夫婦関係の悩みは天からのメッセージ

夫婦関係がうまくいかないと、「もうこんなところから早く抜け出したい！」「どうして私がこんな目に遭わなくちゃいけないの！」と思い悩み、目の前に大きな壁が立ち塞がったような気になってしまいます。

幸せになるために結婚し、家庭を築いたのに、なぜ、こんなことが起きているのでしょう？　それは、あなたによりよい人生を手に入れてほしい、そして、そのためには「この壁を越えなさい！」という天からのメッセージなんです。

そして忘れないでください。越えられない、解決できない問題はあなたのところにやってきません。必ず解決できます。

結婚や出産は、女性にとってそれまでの人生がガラリと変わる、大きな出来事です。これまで〝なんとなくふんわり〟でうまくいっていた日常が、他人と一緒に生活し、子どもが生まれたことをきっかけに、〝なんとなくふんわり〟では立ちゆかなくなってしまった……、それがあなたの今の状況です。

〝なんとなくふんわり〟とは、その時々で相手に合わせて〝ふんわり〟とやり過ごす生き方。自分の意見や意思ではなく、相手の顔色を見て、機嫌に左右されながら相手を優先する他人軸の生き方です。

つまり、夫婦関係に悩みが生じているのは、こうした〝なんとなくふんわり〟という生き方を見直す時期が訪れているから、ともいえるものなんです。

どうですか？　心の中に不満をためながら、これからずっと悩み続ける人生を送るのか。それとも、悩みを根本から解決し、目の前に立ち塞がる壁を乗り越えるのか。どちらを選ぶかで、人生は大きく変わります。

自分の人生は自分が創造主

以前、知人にあるセミナーに誘われたときのことです。その日は偶然、私が主催するイベントの最終日。そこで、「その日はイベントの最終日なので、精神的にも体力的にも参加不可能です」と返事をすると、「庭田さんは、イベントの最終日は心身ともに余裕のない設定なんですね」と言われたのです。つまり、私の中でイベント最終日は、ヘロヘロになっているイメージだったんですね。

確かに、イベントを主催するのは体力的にも精神的にも、エネルギーを使います。けれども、主催者が参加者と一緒に楽しむ気持ちもなく、忙しい！　たいへん！　と思っていたら、参加する人にもそのエネルギーが伝わるし、そういうイベントになってしまいます。だって「思考は現実化します」から！

あなたも、このときの私のように自分の未来を不安や妄想で決めつけて、悩んだり、苦しんだりしていませんか？

試しに、先ほどの「結婚＝○○」に続いて、「人生」「男性」「女性」にあてはまる言葉をイメージしてみてください。もしあなたが、人生＝忍耐、結婚＝墓場、男性＝自由奔放、女性＝我慢なんてイメージをもっていれば、あなたの人生は忍耐をし続け、結婚生活はまるで墓場にいるようで、ダンナさんは自由奔放な一方、女性であるあなたはじっと我慢……、みたいな結婚生活がやってきます。

そんな未来を引き寄せないためにも、〝思考のクセ〟を解消することが大切です。これを解消しないうちに夫婦改善のノウハウを試しても、まったく効果はありませんし、あなたのもとに神ダンナがやってくることはありません。

すべての解決は、あなたの人生の創造主であるあなた自身を知ることから始まります。

「自分が嫌い」から『自分大好き』になる

夫に大切にされたいのに、邪険に扱われる。家族やまわりの人にも、冷たくされる……。そう感じるときは、あなた自身が「自分のことが嫌い」だったり「自分を大切にしていない」ことがとっても多いです。

たとえば、本を2冊借りたとします。1冊は新品のきれいな本。もう1冊はとても読み込まれていて、少し汚れています。さて、あなたはどっちの本を大切にしますか？　新品の本ですよね？　新品の本は丁寧に汚さないように扱い、汚れている本はやっぱり雑に扱ってしまいますよね。それと同じなんです。

もしあなたが、夫が優しくない、夫に大切にされていないと感じるのであれば、それはあなたが自分自身を大切にしていない、ぞんざいに扱っているということです。

なぜ、自分のことをぞんざいに扱ってしまうのでしょう？ それは、あなたが自分のことを好きじゃないからです。理由は「もっと美人だったら」とか、「仕事もできないし」「取り柄もないし」など、自分の欠点ばかりを見ているんですよね。ですが、そんなものは実は、自分が勝手に思い込んでいるだけです。

これらの思い込みは、自分に過度に厳しい性格、過去の失敗にとらわれている、あるいは子どもの頃の親からの刷り込みが原因となっていたりします。こうした原因を解除してあげればいいのです。

さらに今は、脳のRAS機能によって、自分の足りない部分や欠点ばかりが目につくようになっています。まずは、自分のあら探しをするのをやめましょう。完璧な人間などいません。できない部分、苦手な部分があってもいいんです。「どんな自分でもOK！」と自分のことを好きになり、愛してあげてください。

夫婦関係改善のステップ

夫婦関係がうまくいかなくなるときは、必ず何かしらの原因があり、それは2人に責任があることは述べました。

では、ここからは、夫婦関係を具体的に改善していくためのノウハウをご紹介していきます。不仲の原因を突き止め、関係を改善しようとしたときに覚えておかなくてはいけないのは、どんな人間関係であっても相手を変えることはできない、ということ。本当に夫婦関係を改善したいのなら、夫を変えるのではなく自分を変える！　それがもっとも効果的で近道な方法です。

1 夫を許すと決めよう

結婚生活では、大なり小なり夫の裏切りや期待はずれ、浮気やウソ、言葉の暴力などにあうことがあります。信じていた夫からの仕打ちは小さなものであってもダメージが大きく、夫に対するネガティブな感情をいつまでも抱えてしまいがちです。そんな毎日から抜け出すためにも、まずは「夫を許す」と決めましょう！

ポイントは次の3つです。

ポイント1 夫のために許すのではなく、自分がラクになるために夫を許すと決めること。こだわり続けると、あなたが幸せになれないことを再確認しましょう。

ポイント2 「夫を許せない」＝夫のことが大切であり、夫はあなたの中で特別な存在だということを再確認すること。どうでもいい相手を恨んだりすることはありません。

ポイント3　「夫を許せない」自分を受け入れること。そのためにはどんなに自分が傷ついたか、つらかったかを受け止めて、「がんばったね」「つらかったね」と、自分で自分を癒すこと。自分の気持ちを大切にすることが解決へのエネルギーとなります。

2 「夫に期待する」気持ちを手放そう

夫に対して、あれをやってほしい、ああなってほしい……って、いろいろな期待がありますよね。そもそも「期待する＝あてにして心待ちにすること」。つまり、自分が勝手に相手をあてにして、思いどおりにコントロールしたいと願うことです。

たとえば、親が子どもに、勉強していい学校に入ってほしいと思うこと、これがまさに期待です。期待をする側は勝手にしても、されるほうはプレッシャーを感じます。そんな中がんばって、うまくいっているときはよくても、いつかいろいろな意味で破綻することが多いですよね。ですから「相手に期待する」ことは、いいことではないのです。

夫に勝手に期待をして、期待どおりにならないからとイライラしたあげく、夫婦関係を壊してしまうのは、とってももったいないことです。

夫にやってほしいことは、心の中で「期待をする」のではなく、言葉で伝えましょう。あなたの夫はあなたの味方。言葉で伝えたらやってくれます。

3 使う言葉を変えよう

日本では、古くから言葉には「言霊《ことだま》」という不思議な力が宿っていて、発した言葉どおりの結果が表れると信じられています。まさに「思考の現実化」です。

だからこそ、使う言葉を意識することが大切になります。使う言葉によって引き寄せるものが変わり、あなたの人生も変わってくるからです。

あなたの未来をよりよいものにするためにも、まずはあなたを縛っている「べき」「ねばならない」などの強迫観念めいた言葉を手放しましょう。

私がこれらの言葉に縛られていた頃は、がんばりすぎて疲れ果て、夫にも強要してケンカばかりの毎日でした。けれど、プレッシャーとストレスの原因となっていたこれらの言葉を手放し、もっとラクで楽しいポジティブな言葉を意識するようになったことで、今では幸せな毎日を過ごしています。

「言霊って何？」なんて思っていた私でも人生が変わったのですから、あなたもきっと変われます。

4 疲れたときは「ちょっと休む～」と言おう

「疲れたら休む」。あたりまえのことですよね。でも、ギリギリまでがんばっているときは、このあたりまえがわからなくなっています。「なんとかしなくちゃ」という気持ちばかりが強くなり、他人《ひと》に「助けて」「ちょっと休ませて」と言えない、がんばり屋さんの悪いところが出てしまうんです。

もし今、あなたがまわりに助けを求めたら、どうなるでしょう？　たぶん、皆「いいよ、休んでて」って言ってくれますよね。だれもあなたを責めたり、怒ったりしはしないはずです。

夫だって同じです。あなたが弱音を吐かず、がんばってしまうから「妻がやるのがあたりまえ」になっているだけで、疲れたときに「ちょっと今日はしんどくて」と正直に伝えれば、無理は言わないはず。がんばるのをやめるのではなく、ちゃんと言葉にして休むだけでいいんです。

そして、明日からまたがんばれば、心身ともに軽くなります。そのためにも、疲れたときは「休む～」と宣言してひと休みしましょう。

5 自分を責めるクセをやめよう

うまくいかないとき、「何が悪いんだろう」「自分に何が足りないんだろう」と、自分に問題があるせいで物事がうまくいかないのだと思い、自分を責めていませんか？　実は、これこそが、すべてがうまくいかない原因なんです。あなたが意識して、いつもつぶやいている言葉が脳のＲＡＳ機能によって集められ、夫婦関係も、あなたの人生も、どんなにがんばってもなぜかうまくいかない原因となっているのです。それは、とても残念なことです。

本当は、あなたのせいじゃないのに……。

本当は、間違っていないのに……。

だからこそ、あなたの使う言葉（思考のクセ）を変えてＲＡＳ機能に入る情報を変えましょう。

では、ここで自分を責めるのをやめて、夫婦関係をよくする言葉の使い方をお伝えします。それは、

何が悪いんだろう……。

どこが間違っているんだろう……。

自分に何が足りないんだろう……。

を一切止めること。そして、

どうすれば夫婦関係がよくなるの？
何をすればもっと夫と仲よくなれるの？

と自分に問いかけてみることです。するとおもしろいように、入ってくる情報が変わります。

つまり、それまで自分を責める情報ばかりを探していたあなたに、夫婦関係改善の情報がどんどん入ってくるようになります。その情報に沿っていけば、どんどん夫婦関係を改善できるようになるのです。

6 自分軸と自分勝手の違いを知ろう

夫婦関係の改善では「自分軸」になることが大切といわれます。「自分軸」とは、他人に左右されず、自分の価値観や信念に基づいて行動することです。夫（他人）の意見や価値観、反応を重視して行動を決める「他人軸」との違いはわかりやすいのですが、「自分軸」と「自分勝手」とは何が違うのでしょう。

「自分軸」は相手の意見を尊重したうえで自分の意見を貫くこと、そして「自分勝手」は自分の都合だけを押しつけることです。

たとえば、夕食のメニュー選びを例に、3つを比べてみましょう。

他人軸＝夫の好きなもの、夫の機嫌を損ねないメニューを選ぶ。

自分軸＝自分と夫の好きなもの、食べたいもの、体調を考えて選ぶ。

自分勝手＝つくる気がしないから、つくらない。自分の好きなものだけをつくる。

という違いがあります。

自分軸のある生き方は、何よりも自分もラクですし、夫婦はもちろん人間関係全般がうまくいく、行動指針となるものなのです。

7 自分磨きを忘れない

夫婦仲の改善だけでなく、人生を楽しむために欠かせないこと、それは、「自分磨きを忘れない」ことです。

あなたはふだんから、おしゃれをしていますか？　時間がないから、もう結婚しているんだからと〝女を捨てた〟妻に、夫は惹かれません。あなたと夫が出会った頃のように、身だしなみを整えて、メイクやおしゃれを楽しんで、笑顔美人を目指しましょう。

また、外見と同時に内面を磨くことも大事です。趣味や仕事、好きなことをして生き生きとしている妻や、目標に向かって進む妻は夫から見て、とても魅力的に映ります。もし今、そういうものをもっていないのであれば、今から少しずつでも自分が打ち込めるものを見つけてみましょう。

自分磨きをがんばると精神的にも自立して、夫依存を克服できます。夫に幸せにしてもらうのではなく、夫と一緒に幸せになるという「自分軸」が築けます。

8　自分は幸せになっていい、という許可を出そう

幸せになりたい！　なのになれない。気づくと幸せとは反対の方向ばかりを選

んでしまう……。こんなことがあなたの身に起きているとしたら、それは、あなたが「幸せになっていい」という許可を自分に出していない証拠です。

えっ!? 幸せになる許可!? そう、幸せになるには許可がいります。この許可がないと、決して幸せになれません! ですから、あなたも今すぐ幸せになる許可を手に入れてください。その許可を与えるのは、あなた自身です。

実は、「自分は幸せじゃない」と感じている人は、自覚はないけれど、過去に自分で「幸せになってはいけない」と決めた瞬間があったのです。

たとえば、夫のモラハラ発言や期待したことへの裏切りがあったとき。あるいはもっと過去にさかのぼり、あなたのお母さんの結婚生活が幸せそうには見えなかったとき、ということもあります。無意識のうちに結婚では幸せになれない、結婚は我慢や忍耐の上に成り立たせるものと思った瞬間に、「私は幸せになれない、なってはいけないんだ」と決めてしまったのです。

もし、心あたりがあったら、今すぐ自分に幸せになる許可を出してあげてください。方法はカンタン。「私は幸せになっていい」と声に出して言うだけです!

9 一緒の時間を大切にする

夫婦関係改善のための最後のステップは、一緒の時間を大切にすること。家族、とくに子どもと一緒に過ごす時間は、永遠ではありません。やがては巣立っていく子どもたちとの時間を悔いなく過ごすためにも、なるべく夫を含め家族全員が一緒に過ごす時間をつくるようにしましょう。

特別なイベントなどなくても、一緒に朝ご飯を食べる、休日に一緒にゆっくりとくつろぐだけでもいいのです。家族とつくった思い出の量が、夫婦の絆の強さになっていきます。

さらに可能であれば、夫婦が2人だけで過ごす時間をつくるようにするとベストです。日常生活の中で失ってしまったこの時間を少しずつとり戻せれば、毎日を笑って過ごせるようになっていくはずです。

〝思考のクセ〟を改善しよう

夫の無表情や眉間のシワを見て「怒ってる！」と反射的に判断して行動してしまうことがありませんか？　そんな〝思考のクセ〟があると、夫の表情を見ただけで不安になり、焦って機嫌をとろうとしたり、逆に「何で不機嫌なの？」と責めてしまったりして、夫婦関係が悪化してしまいます。しかし、実際には夫は単に考えごとをしているだけ、疲れているだけかもしれません。それなのに「怒ってる！」と決めつけて行動してしまうと、余計な衝突が生まれてしまいます。

実はこれ、相談者の中でもっとも多い〝思考のクセ〟なんです。本来個別の状況に応じた深いセッションが必要なのですが、今回は本を読んだだけで、改善できる方法を特別にお伝えしますね！

他人軸の主体が親から夫に変わっただけ

①「夫の表情＝怒っている」と思い込むクセの原因

●過去の経験（子ども時代の影響）

親が怒りっぽかった場合、「表情が険しくなる＝怒られる前兆」と子どもは無意識に学習してしまいます。親の機嫌をとることで家庭が円満になった経験があると「だれかの機嫌が悪いと、すぐに対処しないといけない」と思い込んでしまうのです。つまり、「親の機嫌が悪い＝自分が怒られる＝自分が悪い」という連鎖が発生していたということに。だから「夫の機嫌が悪い＝自分が悪い」という思考のクセを持っている人がとても多いのです。

●夫との過去のやりとり

以前、夫が無表情だった後に怒られた経験があると、「また怒られるのでは？」と脳が警戒してしまっている状態です。

②思考のクセを改善する方法

次の3つのステップを実践してみてください。

ステップ1：「無表情＝怒っている」の思い込みを疑います。まず、「本当に夫は怒っているのか？」と自分に問いかけてみましょう。

【チェックポイント】

□夫は本当に怒っているのか？

□夫が不機嫌そうなとき、私以外のこと（仕事や疲れなど）が原因ではないか？

このように「ちょっと待てよ、本当に怒っているのか？」と考えるクセをつけることで、反射的な行動を防ぐことができます。

ステップ2：「違う解釈」をしてみる（リフレーミング）

「夫が無表情＝怒っている」という思考を変えるために、別の可能性を考える習慣をつけましょう。

【思考を書き換える例】

NG「夫が無表情＝怒ってる！」

OK「疲れているだけかも？」

OK「仕事で考えごとしてるだけかも？」

OK「もしかして、おなかが空いているのかも？」

このように、1つの思い込みに固執せず、「他に考えられることは？」と考えることで、焦る気持ちが減ります。

ステップ3：「夫の機嫌をとらない」行動を試す

夫が無表情でも、あえて機嫌をとらずにいつも通り過ごすことを試してみましょう。たとえば、

●無理に会話しようとしない

●夫が考えごとをしていそうなら、あえて話しかけずに待つ

無理に接触せず、放置して待つのが一番！「夫の表情＝怒ってる」と思い込んで行動するのではなく、「まあ、考えごとでもしてるのかな」と流せるように

なると、余計なストレスがなくなります。これを続けると、夫の表情に過敏に反応せず、自分のペースで過ごせて、夫婦関係も自然とよくなります。

勇気を出して設定を変えてみよう

〝思考のクセ〟にはもう1つの働きがあります。目の前のことを自分で設定してしまう働きです。たとえばあることから「私は雨女」と思い込んでしまうことはよくあります。「自分が雨女だ」と思い込んでいると、本当に大事なときに、雨が降ってしまいます。ですが、これを変えることは簡単です。「私は、晴れ女だ！」と自分で思い込みを変えるだけなんです。すると、大切な日にも「晴れる」ということが起こります。

というように自分の中の思い込み＝設定を変えるだけで、自分の望みは叶うのです。

では、夫婦関係の場合の例を見てみましょう。

30代の相談者のSさんはとっても社交的で友人が多い人です。ですが、結婚してからは「絶対に夫に子どもを預けて夜、飲み会に行ってはいけない」と思い込んでいました。とくに子どもが生まれてからは、1度も夜出かけたことはありませんでした。その不満を封じ込めていたので、「夫は自由に出かけてズルい!」と思っていたのです。「夫はズルい」と認定してしまったことで、夫のズルい部分、嫌な部分がどんどん目について、ケンカが多くなり、夫婦関係がうまくいかなくなっていました。

つまり、Sさんの場合「ズルい＝自分もやりたい」ということでした。私が、「Sさんは本当は、夜にお友達と出かけたいんですよ」と伝えたところ、「夫に子どもを見てもらえるよう頼んでみます!」と勇気を出して夫に本音を伝えることにしました。その後、「たまに夫に子どもを見てもらって友達と出かける時間がとれるようになりました!」というようなご報告をいただき、自分の本音を伝えられるようになったSさんの夫婦仲はみるみる改善しました。

あなたも勇気を出して設定を変え、夫に本音を伝えてみてください。

夫婦関係を再構築するときに必要な具体的な心構え

「夫婦関係改善のステップ」の成功率を高めるために、次の3つの心構えをもちましょう。

1 解決モードに気持ちを切り替える

起きてしまったことをなかったことにはできません。「何が悪かったのか?」「あのとき、どうしたらよかったのか?」「私の何が悪かったの?」と過去を振り返ったり、「夫のせいで、私はこんなにつらい思いをしている」などと、被害者意識をもって物事を見続けていても、問題は絶対に解決しません。

あなたが自分で再構築することを決めたのです。まっすぐに前を向いて気持ちを切り替え、幸せな未来だけをイメージし続けてください。

2 どんな夫婦関係を築きたいかをイメージする

次に、再構築後の夫婦の形をイメージしてください。夫婦仲よくとか、夫婦円満といったふんわりしたイメージではなく、できるだけ具体的なイメージがよいでしょう。たとえば、家族でお出かけを楽しんでいる様子や、休日の午後、夫に家事を任せてのんびりと過ごしているあなたの姿、子どもたちが寝たあとのリビングでお酒を飲んでいる夫と2人の時間……などなど。

ただしここで、多くの人が陥る〝間違い〟があります。それは、夫婦仲がよかった過去にこだわりすぎること。再構築に成功しても、新婚当時のようなラブラブな時代に戻るわけではありません。人は、時間や環境によって変わるもの。愛がなくなったわけではなくとも、再構築後は新婚当時のようにはいきません。だからこそ、今のあなたが求める夫婦の姿をイメージしてくださいね。

3 今の自分に無理なくできることを考える

あなたが求める夫婦像がイメージできたら、今の自分にできることは何なのかを考え、簡単なことから実行していきましょう。

朝晩の基本のあいさつ、感謝・謝罪の気持ちを言葉に出して伝える。週1回は家族みんなで外に出かけて、一緒に過ごす時間をもつ。夫への期待値を下げてみる……。一度に全部をこなすのは難しいので1つずつで大丈夫です。無理なくできるところから始めてみましょう。

そして、再構築を選んだのなら、「過去を蒸し返すこと」だけは絶対にやってはいけません。過去を蒸し返したくなるのは、今もまだ、過去の悲しみや怒り、恨みなどが残っていて、心が傷ついたままだからです。つらかったことを思い出して、また自分を傷つける必要はありません。傷ついた心を癒し、マイナスの感情は浄化しましょう。そうすることで、あなたは前に進むことができます。

ただし、あなた自身が本当は、それを望んでいない場合もあります。

「私は被害者、だから大切にしなさいよ」「私は悪くない、夫のせいだからね！」と、いつまでも夫に傷つけられた被害者の私でいたい場合。あるいは、二度と起きないための教訓として、過去の気持ちを忘れないように握りしめている場合です。この2つの感情をもっている限り、再構築は遠のきます。

こういうときこそ、夫を許しましょう。なぜなら、許すのは夫のためではなく、あなたが幸せになるためだからです。ネガティブな感情はあなたを幸せにしません。それどころか、あなたの足をひっぱり不幸にします。ネガティブな感情は手放して幸せになりましょう！

夫を神ダンナに変える3つのポイント

夫婦関係を改善しながら、夫を神ダンナに変えられれば……。まさに一石二鳥、こんなにうれしいことはないですよね。

「夫婦関係改善のステップ」が進みはじめたら、夫を神ダンナに変えるポイントを押さえましょう。大事なのは、夫〝を〟変えるのではなく、あなた〝が〟変わること。なんといっても夫婦は互いの鏡ですから、よい変化も悪い変化も互いに映し出します。

1 言葉で伝える。「察して」はやめる

男性と女性では、もののとらえ方や考え方が異なる部分があります。いわゆる「男性脳」と「女性脳」とも呼ばれるもので、一般的に男性は論理的にものを考えることが得意で、女性は直観や感性など感覚的にものを考えることが得意です。

前述していますが、夫に対して「言わなくても察してくれると思ってた」とか、「それくらい、言わなくてもわかるでしょ!」と言うのは間違い。男性に察する能力はありません。やってほしいことや伝えたいことを、夫に「察してほしい」と期待するのはやめましょう。期待するから、期待に応えられない(=察することのできない)夫にイラつくし、期待を裏切られたと夫を悪者にしてしまいます。

夫はやりたくないのではなく察することができない、つまり、言われないとわからないからやらないのです。だから解決方法はカンタンですよね。言葉にして「伝えればいい」のです。

たとえば食事中、子どもにご飯を食べさせているあなたの横で、すでに食べ終えてのんびりしている夫に「私のご飯が冷めちゃうから、代わってもらってもいいかな？」と頼んでみましょう。夫にしてほしいことを「〇〇してほしい」とか「〇〇してくれたら助かる」と口に出して伝えると、案外すんなりと「あぁ、いいよ」と手伝ってくれるものです。そして、何かをやってくれたのなら、たとえほんの些細なことであっても、「ありがとう」と伝えましょう。

こうしたことを積み重ねていけば、あなたもいらぬストレスをためずにすみますし、あなたが言わなくても夫が自然に自ら行動するようになります。

2 結論から伝える、「でも」「だって」をやめる

夫に何かを伝えるときは、伝え方も大事です。まずはタイミング。帰宅直後や明らかに疲れているときに話しかけても、夫の耳には届きません。ただうるさくてうっとうしいと思うだけです。今話しかけても大丈夫かどうか、様子を見る配

慮も必要です。

ゆっくりと話をするためにも、夫の様子が落ち着いた頃合いを見計らって、あなたの本音を伝えてみましょう。そのとき、ここぞとばかりにあなたの言いたいことをマシンガントークで話し出すのはNGです。本心を伝えようと感情的になり、怒りやイライラをぶつけるのもいけません。

女性はどうしても感覚的にしゃべるので、話が長くなったり、あちこち飛んでしまったりしがちです。女性同士のおしゃべりならそれでもかまいませんが、それでは夫に伝わりません。男性（夫）に伝えるときは、はじめに結論から話すようにしましょう。

慣れないうちは、夫にプレゼンするつもりで伝えたいことをメモにしておくのもいいかもしれません。ちょっと大げさに思うかもしれませんが、それだけあなたの真剣さが伝わりますし、言いたいこともきちんと伝わります。

また、「でも」「だって」などと、夫の言葉に反論するのもやめましょう。あなたが反論することで夫も反論したくなりますし、自分を否定する言葉は受けとってもらえません。なので、夫の話は最後まで聞いて、まずは肯定的に共感しましょう。そうすることで、夫もあなたの話を否定しなくなり、気持ちをわかってくれようとします。

3 夫の愛を受けとる

男女の違いは、愛情の示し方や受けとり方にも表れます。たとえば、相談者の中には「ダンナさんはあなたのことを愛していますよ」と伝えても、「そんなことありません」と納得しない人がいらっしゃいます。ダンナさんが直接愛の言葉を伝えていないからです。

女性は、優しい言葉や気遣いを受け、相手が自分の気持ちをわかってくれたと思えたときに愛されていると感じます。しかし、男性は言葉よりも行動で愛を示します。女性が気づかないところで愛をくれているのです。

たとえば、あなたは夫からのプレゼントをもらったことがありますか？　せっかくもらったプレゼントなのに、開けた瞬間、自分の好みではなくてがっかりしたことありませんか？

あるいは、夫から「何か手伝うことある？」と声をかけられたとき、慣れない夫に任せるより自分でやったほうが早いと思って「大丈夫」と断ったことはないでしょうか。こうした残念なプレゼントも、あまり頼りにならないお手伝いの申し出も、毎日仕事をして、きちんとお給料やボーナスを入れてくれることでさえも、実は〝夫からの大きな愛〟なんです。口では愛を伝えることができない夫が、なんとかあなたに愛を伝えようとしていることにちゃんと気づいて、しっかりと受けとってあげることが大切です。

優しい言葉をかけることが苦手な夫が、あなたに差し出している〝愛〟を拒否されたら……。悲しいし、傷つくしで、だんだん愛を差し出すことを躊躇するようになり、やがてはやめてしまいます。そうなる前に、夫の愛に気づいて、しっかりと受けとりましょう。

男性と女性は話す目的が違う

男性脳と女性脳の話をもう少しここでしておきましょう。

男性脳は、打ち合わせや商談、交渉事など、会話のゴール地点が定まっているやりとりが得意で、どこに向かうかわからない雑談は苦手。いかに素早く成果をあげられるか、結論を求められる仕事中心の思考です。

一方の女性脳は、話の途中で次々と変化していく雑談を得意とし、目的地が定まっている形式的な会話は退屈に感じてしまいます。ですから、女性同士の雑談は話題が縦横無尽に飛び交います。これは左脳と右脳をつなぐ脳梁のはたらきが活発なためといわれます。女性の会話は共感がすべて。「私も！」「わかる〜」という共感をもらえると、話を聞いてもらえたと安心します。

この脳のすれ違いによる夫からの言動や言葉に傷ついているとしたら、夫の真意をしっかり理解し、対応していくことが大切です。

いらないアドバイスをしてくる

妻が「今日はこんなことがあって、たいへんだった」という話をすると、夫は「そんなときはこうすればいいんだよ」などとアドバイスをしてくる、というパターンがよくあります。夫としては、「大事な妻がそんな目にあってはたいへんだ、なんとか問題を回避・解決する方法はないか」と思って頭をフル回転、問題解決のための方法をアドバイスしたつもりです。ですが、妻はアドバイスではなく、ただ、夫に「それはたいへんだったね」と、共感してほしかっただけなのです。

そのため、いらないアドバイスをしてくる夫に対して、妻は「私の話をちゃんと聞いていない」、つまり「私は愛されていない！」と思ってしまうのです。夫は夫で「妻の話を聞いてアドバイスをしたのに、なぜ!?」と、混乱してしまいます。こうしたすれ違いをなくすためにも、あなたが夫にただ共感してほしいときは、「今日は何も言わず、ただ話を聞いてほしい」と事前に伝えることが大切です。

全部否定してくる

「夫と話をすると否定してばかり。話をしても楽しいどころかすぐにケンカになるので、だんだん夫との会話がつらくなって……」。はい、よくある相談です。

そんなときは、はじめに「まずは途中で反論や揶揄をせず、最後まで話を聞いてほしい」こと、「あなたにはあまり興味のない話かもしれないけれど、否定しないでいてほしい」ことを先に伝えましょう。

しかし、実は、夫の態度は鏡です。こうしたケースの場合、あなたも夫の話を聞いていないということが考えられます。自分の話を聞いてほしいのなら、まず、自分が先に夫の話を、途中で反論や批判をせず最後まで話を聞くことを心がけてみてください。それが、一番の対策かもしれません。

「だれが食わせてやってるんだ」と言ってくる

これも「俺と同じくらい稼いでみろよ」と同じ、典型的なモラハラ発言です。とにかく妻を黙らせたい！ 俺が上なんだ！ と主張したいときに出てくるセリフです。

ですが、決して本心ではありません。夫婦ゲンカをしている中での売り言葉に買い言葉と捉えてください。

ですが、この言葉を引き出してしまった今の状態をこのままにしていいのでしょうか？ 夫婦関係が崩れる原因はどんな場合でも、2人に責任があるんです。

過去、現在をしっかり振り返り、2人の間に起きていることを客観的に判断し、これを言わせてしまった原因を見つけていきましょう。

「離婚する」と言ってくる

あなたの気持ちを試すために口にしているので、ここで感情的になってはいけません。問題が解決しないだけでなく、感情的になることで、本当に離婚に進んでしまうことがあります。離婚を口にされたら、まず冷静になってください。

夫も勢いで言ってしまっただけなので、たいていの場合、離婚を切り出す夫のほうも「離婚をとめてほしい」というのが本音です。「ごめんなさい、私が悪かったわ、何でもするから」というような妻のアクションを期待している場合もあります。本当に離婚したいなら、家を出るなどの何らかの行動が伴うはずです。言葉だけであれば、すぐに反応しないのが賢明です。

そして、「このままだと離婚になってしまうかも」と、ネガティブなことを考え続けるのはやめてください。その理由は「思考は現実化」するからです。「離婚になるかも」と思えば思うほど、そっちに引っ張られやすくなります。

離婚を怖がる必要はありません。あなたは成人した大人です。1人でも生きていけるのです（決して離婚を勧めているわけではありません）。1人の女性として生きる力をもっていることを信じ、無闇に怖がらないこと。不安を感じながら過ごすのではなく、自分を大切にしていくこと……。毅然として、「夫婦関係改善のステップ」を進めていきましょう。気づいたときには夫婦関係もよくなっています。

「怒らせるオマエが悪い」と言ってくる

相手が責任転嫁しているだけの言葉です。ですからそれに振り回されないことが大切。前述の「全部否定してくる」パターンと同じで、相手の態度は自分を映す鏡です。あなたがついつい夫のせいにしてることが多くないか、客観的に振り返ってみましょう。思い当たることがあれば、あなたのために自分を変えていきましょう。

夫には絶対に言ってはいけない5つの言葉

親しき仲にも礼儀あり。どんなに親しい間柄でも、人には言ってはいけないことがあります。ところが、夫婦はとっても近しい関係なので、つい境界線を越えてしまうことがあります。

もしかしたら、あなたは知らないうちに夫に言ってはいけない言葉を言っていませんか？　次にあげる5項目をチェックしてみてください。

夫の家族の悪口　自分に置き換えて考えれば、わかります。たとえ夫が自分の家族の悪口を言っていても、あなたが言ってはいけません。

仕事・稼ぎに関する文句　継続して仕事をすることは、とてもたいへんなこと。それを思い出せば、自然と感謝の気持ちがわいてくるはず。友人の夫と比べたくなりますが、よそはよそ、うちはうち、と割り切りましょう。

趣味・友人を否定する　人はそれぞれ、世界観をもっています。自分とは違うと感じても否定せず、受け入れて、認めることが大切です。

何かあると離婚を言い出す　夫の気持ちを試すためかもしれませんが、離婚を持ち出すのは絶対にやめましょう。言われた相手は、本気で受けとります。

夫を一方的に責める　夫婦に起こるすべてのことは夫婦2人の責任です。冷静に俯瞰（客観視）できるようになったら気づきます。夫を責め続けていると、取り返しがつかなくなります。

夫への不満が爆発しそうなときは

夫への不満が爆発しそうなとき、あなたはどうしてますか?

①我慢する?

②そのまま不満をぶつける?

実は、この2つは夫婦関係を改善したいと思ったら、一番やってはいけないことなんです。これをやっている限り、絶対に夫婦仲は改善しません。

①を続けていると、あなたの中にどんどん不満がたまり、夫が嫌いになります。そうなると、あなたの〝ダンナ嫌い〟が話し方や態度に出てしまいます。それが

トゲのある言い方だったり、嫌味な言い方だったり……。すると夫もそれに反応して攻撃してくる……。そんな負のループ状態になっていきます。

②の場合は、不満をそのまま感情的にぶつけているので、何も伝わりません。夫にすれば「今日は機嫌悪いな～、何を怒っているんだ？」みたいな感じです。

では、どうすればいいのでしょうか。唯一の解決方法は、「同じ土俵で戦わないこと。忙しいのはお互いさまです。あなたががんばっているように、夫もがんばっています。もし、夫が仕事をしてくれなかったら、今の暮らしを維持できますか？そう、あたりまえなんかないんです。実はとんでもなくありがたい存在だったんだとわかると、感謝の気持ちがわいてきます。その気持ちで夫に接してみてください。あなたから出てくる言葉や態度が変わります。夫婦は鏡。互いに自分から出ていったものが相手から返ってきます。一度感謝の気持ちで接すると、相手からも感謝の気持ちが返ってきますよ。

愛される妻は●●しない

日本はいまだに、古くからの「良妻賢母」をよしとした教育の名残のせいか、男性優位な思考があり、「稼いでいるほうが偉い」的な考え方が根強いようです。

これだけ女性が活躍する時代になって、妻がフルタイムで働いていても、家事はほとんど妻の役目ということも多く、逆にやりがいのある仕事に就いていた女性が仕事をやめて自ら夫を〝支える〟立場を選んでしまう場合もあります。さらに、「夫に愛されたい」という気持ちが強いと、自分のことは全部我慢して、夫中心になっていきます。こうなると、完全に夫への「依存」であり、「他人軸」です。

もうおわかりでしょうが、「愛される妻は○○しない」の○○に入るのは「我慢」です。我慢をするのは、あなたが自分を大切にしていないから。言いたいことも言わず、自分を大切にできない人を、夫は愛せません。それが夫のため、であってもです。

では依存から脱却するにはどうすればいいのでしょう。実は案外カンタンな次のワークで解決します。

自分が今、何を感じているのか？
自分は今、何が好きなのか？
自分は本当はどんなことをしたいのか？

この答えをノートに書き出してみましょう。そして書いた「好きなこと」「やりたいこと」を叶えてあげましょう。自分を大切にできるようになっていきます。

実は、嫌われる妻の言動

夫が神ダンナ化する前、あるいは神ダンナ化の途中で、妻がやらないほうがいい言動がいくつかあります。注意しましょう。

1 手伝おうとすると「大丈夫」という

これらは一見、あなたの遠慮や気配りのようですが、夫には、「あなたがやるより私がやったほうが早いから」、「あなたがやるとやり直さなくちゃならないから二度手間になっちゃうの」というあなたの本音が透けて見えています。

家事や育児を手伝うのは、夫のあなたへの「愛」です。それを「遠慮」「気配り」という形で拒否されると夫は傷つきます。

慣れないうちは夫の家事の出来は大目に見て、「夫の愛」をすべて受けとってください。

2「ごめんなさい」が口癖

夫から何か言われると、すぐに「ごめんなさい」「すみません」と謝罪の言葉が出てくるのは、無意識のうちにとにかくこの場を丸く収めよう、という気持ちがはたらいているからです。この場をやり過ごしたい、この件には関わりたくないなど、そんな気持ちが強く働いているのです、
つまり、夫のことも尊重していないし、自分のことも尊重していません。夫に正面から向き合うことを避けるのでなく、真摯に向き合いましょう。

3 「大丈夫？」の声かけ

「大丈夫？」は夫を気遣っているというよりは、妻が自分が心配だから夫の様子を聞いてるだけなんです。さらに「大丈夫＝信頼してない」という感覚があります。ですから本当に夫の様子がいつもと違って気になるようだったら、かける言葉を変えましょう。「大丈夫」ではなく「何かあった？」と声をかけてください。

4 なんでも先回り

夫とあなたの考え方は違います。あなたがよかれと思ってやったことは、必ずしも夫のほしい結果ではありません。

しかも、考えや行動を先回りされることで、夫は監視されているような気になってしまいます。まずは夫のやりたいようにやらせてあげましょう。

5「怒ってる？」

夫がいつになく無口だったりブスッとした顔をしていたりすると、つい「怒ってる？」と聞いちゃいますよね。気になるのは、めちゃくちゃわかりますが、本来夫の機嫌は夫のものです。あなたが「機嫌を直してあげなくちゃ」って考えなくてもいいことなんです。それにだれだって機嫌が悪いことくらいありますよ。だからあなたが夫の機嫌を気にする必要は一切ないのです。

以上の5つの言動は、どれもささいな問題ですが、いずれも夫に愛されるため、嫌われないようにするためにはどうすればいいのか、という「他人軸」から出ている言動です。「愛されなくちゃいけない！」という強い思い込みを捨てましょう。そのためにも自分を愛すること（→146ページ）が大切です。

夫に感謝しているのに効果がないとき

「夫婦関係の修復のためには『まずは夫に感謝』。それはわかっている、でもできない！　だからいつまでも夫婦仲が修復できないんだ」と自分を責めて、ますます苦しくなる……。そんなことをくり返していませんか？

でも、ちょっと待ってね。あなたが「夫に感謝する」目的は何ですか？　夫婦関係を修復するため？　それがそもそも間違いなんです！　夫には、感謝をして夫をコントロールしようとしている、あなたの心の奥が見えています。そんな感謝だったら、あなたもほしくないでしょう？

そもそも「夫に感謝する」とは、心から日ごろの感謝を伝えること。毎日仕事をしてくれてありがとう。家族のために働いてくれてありがとう。そんなのあたりまえじゃない！　って思うかもしれません。でも、もしあなたが「家事や育児をするのはあたりまえだろ」って言われたら腹が立ちませんか？

なので、形ばかりの感謝でなく、あなたが心から夫への感謝を感じて言葉にして伝えることが大切なんです。心からの感謝はちゃんと伝わります。すると、夫が目に見えておもしろいほど変わってきます。

それでも、どうしても夫に感謝できない。そんなときは、あなたの心が傷ついたままだから。夫婦のゴタゴタで受けた心の傷がまだ癒えていないのです。もしかしたら、まだ血が流れているかもしれません。なのに、無理やり蓋をして、夫婦修復のために感謝しなければ！　と、まだがんばっているからです。

まずは、自分の心に寄り添って、あなたの傷ついた心を癒してあげてください。

そして、ちゃんと自分の心を元気にしてあげましょう。それが自分を愛する第一歩です。自分を一番に大切にしてこそ、感謝の気持ちが生まれます。

夫婦関係の改善はノウハウだけでは難しい

夫婦関係を改善しようとネットで検索すると、「相手をほめましょう」「相手を認めましょう」「少しぐらい我慢しましょう」「相手の話を聞きましょう」「相手を不快にさせるのはやめましょう」「一緒に行動しましょう」「許せないことは忘れましょう」などなど、さまざまなアドバイスが出てきます。確かに、これらのことが実践できたら、夫婦仲が改善するかもしれません。

ですが……。これらのアドバイスをよ～く見てください。全部あなたが我慢して、夫に合わせるものばかりです。あなただけが自分を押し殺して一時的に夫婦関係がよくなったとしても、それで夫と本当に心が通じ合っていると言えますか？　2人で、心からの笑顔で話ができるようになっていると思いますか？　そんな関係は必ずいつか壊れます。だからこそ、関係改善にはノウハウだけではなく、「根本的な解決」が必要です。

あなたは、夫とケンカしたくないから、夫婦関係改善の方法を調べたり、学んだりしている中で、本書を手にとってくださったのだと思います。

だからこそ、やってほしいことがあります。あなたのほしい未来をイメージすることです。たとえば「一緒にお出かけしたい！」それとも「一緒に趣味を楽しみたい！」など。思考は現実化するからです。あなたがほしい未来を具体的に、詳細に描くことができればできるほど、ほしい未来はすぐに手に入ります。

そのために、あなたのＲＡＳに入れる情報を変えること。つまり、脳にあなたの夫への不平不満を集めるのは一切やめましょう。

本当に必要なのは、自分が幸せになるために本気で取り組むぞ！　という強い決心なのです。

夫婦関係改善に逆効果なこと

「今まで、夫婦関係をよくしたいとたくさん努力してきました。ですが、関係は変わりません。神ダンナは我が家では無理なようです……」という相談者の方もよくいます。

がんばることがいいこと、がんばってさえいれば必ず結果が得られると思っている人に多いケースです。残念ですが、それではいい結果は得られません。

がんばっても解決しないとき、努力を重ねても結果が出ないとき、見直してほしいポイントがあります。あなたの心の中に「夫婦関係の改善なんて、できっこない」「もしかしたら、もう無理なのかも」という、疑いの気持ちがあったりしませんか？　あなたがどんなにがんばっていても、こうした疑いの気持ちがあると、その方向に引っ張られて夫婦改善は進みません。がんばるだけ逆効果になってしまうのです。

夫婦仲改善に必ず必要なのが、夫と夫婦円満になる！　という確信をもつことです。そのイメージをもてないまま努力を続けても、解決はおろか、もっと悪化することも……。

つまり、「私には夫婦円満や神ダンナは手に入らないかも……」という人生設計（〝思考のクセ〟）を「神ダンナと一緒に今よりもっと幸せになる！」と書き換えてしまうことが重要なポイントなんです。

「どうせうまくいかない」と思うのは〝思考のクセ〟です。あなたはこれまでいろいろなことを「どうせ」と諦めてきたのではありませんか？　今度こそ、自分を疑うことをやめて、自分を信じて目標を達成しましょう。

別居を解消する方法

別居は再構築のための冷却期間であると同時に、離婚のための準備期間でもあります。実際、別居した夫婦の50％は1年未満で離婚しているといわれます。そのため、本当に夫婦関係の改善を望むのであれば、別居は賢明な選択とはいえませんし、すでに別居をしている場合もできるだけ早い解消をオススメします。

そして、ここからが本題です。いったん別居をしてしまうと、いざ「別居を解消したい」と思っても、なかなかできないことがあります。それはなぜだと思いますか？　実は、あなた自身が「別居したままのほうがいい」と望んでいるからなんです。ちょっとびっくりですよね。「別居解消をめざしてがんばってるのに、そんなはずないじゃないですか！」と思うかもしれません。私の相談者のみなさんも、こんなふうにお伝えすると同じように反論されます。

そこで、「では、今すぐ別居を解消して、困ることってありますか？」と質問すると、一瞬言葉に詰まったり、困った表情をされたりする方がいます。別居当初は、「いがみ合わなくていい」「もう、傷つかなくてすむんだ」と思ってホッとしても、しばらくすると夫のいない生活に慣れてしまい、「今のままのほうがラクでいい」とか「別居を解消しても元のケンカばかりの生活に戻るのでは……」などと考え、心の奥底では「このままでいい」と思っているのです。

すべての出来事はあなた次第です。まずは、自分自身に「本当は何を望んでいるのか？　このまま本当に別居したままでいいのか？」と問いかけてください。「やっぱり別居を解消したい！」と心の底から思えるのであれば、もう別居解消を妨げるものがなくなります。すると、夫婦関係も改善されていき、別居も解消されていきます。

夫婦がうまくいく3つのルール

うまくいっている夫婦には、共通点があります。それは、

1. **違うことも認め合い、信頼し合っている**
2. **2人それぞれが「自分軸」をもち、精神的に自立をしている**
3. **やってほしいことはお互いに言葉でリクエストしている**

の3つ。これらのことに注意して夫婦関係の改善&夫婦円満をめざしましょう。

1 違うことも認め合い、信頼し合っている

どんなに愛し合って結婚しても、恋人が夫と妻になり、父と母へと変わっていくうちに、愛情も少しずつ変化をしていきます。よく、恋愛感情は3~4年で消えてしまうといわれますが、新婚当初のように刺激的な情熱はなくても、家族としての愛情や信頼をもとにした夫婦の暮らしはずっと続きます。

夫婦はもともと赤の他人。生まれ育った環境も、考え方や趣味・嗜好も異なります。たとえ夫婦であっても互いの考え方や趣味嗜好を尊重し、認め合うことが大切です。相手の意見を「でも」「だって」「どうせ」などという言葉でさえぎったり、興味がないからといって相手の趣味をバカにしたりしてはいけません。

あなたが本当に望むことはなんですか？　夫と仲よく過ごしたいのですよね。夫婦として信頼し、愛し合うことのできる、そんな夫婦に戻りたいですよね。そのための方法は、夫に機嫌をとってもらうのではなく、自分の機嫌は自分でとる

こと。もっとも大切なことは「自分を大切にして、愛してあげること」です。すると、はじめて本当に夫を愛し、信じることができるようになるのです。

2「自分軸」をもち、精神的に自立をしている

相手に依存せず、自分の価値観や信念を大切にして、互いの違いを尊重しながら協力し合える「自分軸」をもっていること、すなわち、精神的に自立しているかどうかが、夫婦がうまくいくための重要なポイントとなります。

そもそも、私たちは子どもの頃は完全に親に依存し、親の価値観や評価を基準にした「他人軸」で生きています。子どもは、親のサポートがなければ生きることができないため、親から愛されるために自然と親の顔色を見たり、親の喜ぶことをしたりという行動をとるようになります。そして、結婚してからは、軸の主体が親から夫に変わった状態で依存を続けているんです。さらに、新婚時代は「この人に愛されることがすべて。この人に幸せにしてもらいたい」という気持ちも

あり、がんばって夫に合わせたり、尽くしたりということをしがちです。それは、女性ならある程度仕方のないことです。だれだって、夫に愛されたいって思いますよね。

けれど、夫に合わせ、我慢してばかりでは、表面上はなんとかうまくいっているように見えていても、やがては限界がやってきます。そのときに、夫への依存から抜け出し、精神的に自立をすることが必要となるのです。そのためにも、自分を大切にできること、自分を軸にして物事を考え、行動できる「自分軸」をもっていることが重要になるのです。

「自分軸」は、「他人軸」で過ごしてきた時間が長いほど、身につきにくいものです。ですが、自分を愛し、大切にできるようになることで、他人（夫）の目や評価に振り回されないようになります。そうすると夫婦仲だけでなく、まわりの人間関係でトラブルになることもなく、神経をすり減らす必要もなくなります。何よりも、自分で自分の機嫌をとれるようになります。

3 やってほしいことは言葉でリクエストしている

夫が神ダンナ化すると、自然に家事も積極的に手伝ってくれるようになります。これであなたも、脱ワンオペです。ところが、男性には「察する力がない」うえに、基本的に「家事スキルがない」という問題が浮上します。

たとえば、せっかく洗濯をしてくれても洗い方や干し方があなたのマイルールと違うために不満だったり、やり直しで二度手間になったり。これでは手伝ってくれてもありがた迷惑、あなたのイライラは解消しませんよね。

夫のやる気をそいで神ダンナへの芽を摘まないためにも、夫に、何をどこまで、いつまでに、どのようなやり方でやったらいいのかをわかってもらうのです。たとえば洗濯なら、洗濯方法、干し方、たたみ方、収納方法まで、あなたのやってほしいことをはっきりと、一から十まで全部、言葉にして伝えることが大事です。

夫には家事スキルがないうえ、あなたが思っていることと夫の考えていることは違います。なので、あいまいな伝え方はせず、明確に伝えてください。

もちろん、最初からすべて思いどおりにはいかないかもしれません。けれども、最初のうちは大目に見てあげましょう。あなたの求めているレベルではなくてもOKを出して、やってもらったらまずは「ありがとう」と感謝の気持ちを述べましょう。たとえ気に入らなくても、やり直しはNGです。夫のモチベーションが一気に下がってしまいますからね。

ここで一番大切なのは、家事育児全般に完璧を求めないことです。家事育児は適当なくらいがちょうどいいのです。高みをめざしすぎてイライラ、キリキリするなんて人生の中でもったいないこと。まずは、やってもらったことに感謝しながら、夫を育ててください。

神ダンナの原動力は妻の「感謝の気持ち」です。妻の笑顔、妻の感謝の言葉を受け取って、どんどん夫は神ダンナに変化していきます。

そして、「自分がやらないと！」という思い込みをあなたが手放すことができるようなると、神ダンナ化が加速して、幸せな夫婦になることができます。

自分軸になる10のメリット

これまで、夫を中心とした「他人軸」で動いていたあなたが、他人に振り回されない「自分軸」をもつことで、いろいろなことが変わります。ゆるぎない「自分軸」をもって生き生きとした人生を送りましょう。

メリット 1

他人（夫）の機嫌や顔色に左右されない

他人（夫）に好かれるため、愛されるために、相手の機嫌や顔色をうかがったり、相手の喜ぶことをしたりしないですむようになる。

メリット 2

自分に自信がもてる

他人がどう思うかではなく、自分がどう思うか、どうしたいかを考えて物事を判断するため、自己肯定感が向上して自分に自信をもてるようになる。

メリット 3

自分の感情に素直になる

他人の気分に左右されず、自分の正直な感情を受け止めることで自己理解が深まり、自分の感情に素直になれる。

メリット 4

ストレスが軽減される

評価を気にして相手や周囲に無理に合わせようとしなくてもすむため、ストレスが軽減する。

メリット 5

他人との関係が改善する

自分の意見と同じように相手の意見を尊重することができるようになり、適切な距離感で関係を築くことができ、人間関係が良好になる。

メリット 6
自分が本当に望むことがわかる

自分軸になることで自分が本当に大切にしたいこと、やりたいことが明確になり、「自分らしさ」とは何かをわかるようになる。

メリット 7
幸福感が高まる

これまで他人のために使っていた時間や気持ちを切り替え、自分のやりたいこと、やるべきことを実行し、達成することで充実感が得られ、幸福を実感する。

メリット 8
他人を尊重できるようになる

物事を相手の立場になって考えることができるようになり、他人の気持ちや考えを尊重することができるようになる。

メリット 9
精神的に自立する

他人の機嫌や意見に左右されたり、他人に依存したりすることがないため、「他人《ひと》は他人《ひと》、自分は自分」ということを理解して精神的に自立する。

メリット 10
自分を愛せるようになる

自己肯定感がアップし、精神的に自立することで、自分自身を愛する心の余裕ができる。

夫が神ダンナになるとどんなことが起こるのか

夫が神ダンナになると、いろいろなことが一気に変わります。今まで夫婦仲に悩んでいたことがウソのように夫婦円満になるだけでなく、夫婦関係以外にも思いがけない〝副作用〟が出てきて、うれしい悲鳴となります。たとえば……。

1 アゲマン効果

夫婦関係の再構築&夫の神ダンナ化には、思わぬ「アゲマン効果」があります。

奥さんがいつもニコニコしていて、仕事で疲れて帰っても奥さんの笑顔とおいしいごはんが待っていたら、ダンナさんだって疲れも吹き飛びます。ケンカや不満がなくなって精神的にも落ち着くし、睡眠の質もアップして気力・体力ともに充実します。そうなれば、仕事にもいい影響が出るのはあたりまえ。家族のためにもがんばろう！　となりますし、趣味や余暇の時間を楽しむ余裕も出てきます。するとと、仕事も趣味もおもしろくなってますます張り切っちゃう……。

男の人って単純だから、そういうものなんです。その結果、あなたがよりいっそう夫に愛される〝愛され妻〟＝アゲマンになるのです。

2 子どもが伸びやかに育つ

夫婦円満は、子どもにもよい影響を与えることは間違いありません（子どもは親が思う以上に親のことをよく見ています）。親が不仲だと「自分が原因ではないか」あるいは「離婚になったら自分はどうなるんだろう」という不安から情緒不安定になります。反対に、夫婦円満な家庭の子どもは情緒も安定し、よけいな雑念にとらわれず集中できるので学力もアップします。

また、互いに尊重し、思い合っている親の様子を見ながら、その愛情をたっぷり受けてのびのびと育つので、社会に出てもものおじしない、積極的な大人になって夢を叶えていけるようになります。

3 自分がやりたいことに全集中できる。悩みが全部なくなる

不仲が解消され、夫が神ダンナになると、あなたの心身に余裕ができます。すると、自分の好きなこと・やりたいことに集中する時間もできます。

これを機会に将来をみすえ、資格をとったり、新しい仕事にチャレンジしたりするのもおすすめです。神ダンナとなった夫は、きっと「がんばれ～」とあなたをサポートしてくれるはずです。

第4章

真理子先生教えて！ 夫婦の悩み改善例

真理子先生の相談室は
夫婦関係を改善したいと願う妻たちの駆け込み寺。
30～50代を中心に多くの女性が訪れます。
その中から、典型的な改善例をピックアップしました。
ここまで学んできたことの復習も兼ねて
チェックしてみてください。
あなたの例と似た改善策も見つかるかもしれません。

「夫が嫌いでした」が大逆転！

Mさん
40代女性

相談者の声

実は、夫が嫌いでした。それが、先生のサポートを受けていくうちに徐々に変化して、今は夫がどれだけ私を想ってくれているかがわかるようになりました。サポートを受けていなかったら、家庭内別居だったかもしれません。そしてずっと過去の自分にとらわれて、苦しかったと思います。

自分自身の育ってきた環境を振り返り、幼い自分を癒やしてあげることができました。だからこそ、自分の心を整えることの大切さを実感しています。

アドバイス

夫婦仲がうまくいっていないときは、何かがちょっとズレているだけなんです。

なので、そのズレを整えるだけで夫婦仲はどんどんよくなります。そして、そのズレの多くが、Mさんのように過去の自分にとらわれていることが原因です。過去にとらわれていることで〝思考のクセ〟が生まれ、あらゆる場面でトラブルの原因となります。たとえば、夫の機嫌に左右されたり、夫に甘えられないことで、夫婦仲がうまくいかなかったりすることがありますよね？ それらの原因はすべて、〝思考のクセ〟。過去にとらわれている自分を卒業して〝思考のクセ〟を改善し、夫婦仲を取り戻してください！

自分のことをはじめて愛おしいと思えました。

Hさん
30代女性

相談者の声

以前の自分は、自分で無意識に決めていた前提や、「○○するべき」「○○してはダメ！」などの縛りをつくって自分で自分を苦しめていました。でも、そうなってしまった理由をちゃんと見てあげることで「よくがんばってきたね！」と自分に言ってあげたくなりました。

自分のことがキライで、こんな自分はダメだとばかり思っていましたが、自分のことをはじめて愛おしいと思えました。自分とちゃんと向き合えるようになって、本当によかったです。

アドバイス

悩みを抱えたとき、「自分を認める」とか「自分を愛する」ことができたら、すべてが解決します。ただ、それこそが実はすごく難しい。だって、「こんな自分はダメだ」「もっとがんばらなくちゃいけないのに」と、とにかく自分を否定し、責め続けている場合が多いから。

サポートを始めて2カ月目のHさん。「自分を愛おしく思えた」って、本当にステキです。それも頭で理解したのではなく、自然とそんな感情がわいてきたんですよね。そういうときのセッションは、自然と涙があふれちゃうんです。「よくやった！」って、やっと自分を認めることができた瞬間です。

もともと、だれもHさんを責めたりしていないのに、Hさんが自分を認めておらず、「もっとがんばれ！　こんな自分ではダメだ」と、自分に言いきかせてきただけ。ですから、自分を認めることで「もういいよ。これ以上がんばらなくてもいいんだよ」と、やっと自分に伝えることができたのです。1つ山を越えたHさん。これからどんどんラクに、幸せになっていきますよ！

夫と一緒に飲みに行けるようになりました。

Oさん
30代女性

相談者の声

以前は、夫婦関係修復のためにどうやったら夫が喜ぶか、心に届くかに心を砕いていました。でも今は、そんなことをしても夫には届かないことがわかったので、いちいち顔色を見たり、機嫌をうかがったりすることが減ってきました。

先日、子どもと2週間実家に帰ったとき、夫が休みをとって実家に迎えに来てくれました。少しずつ私に寄り添ってくれている気がします。

そして、私も自分の気持ちを素直に、行動に移すことができるようになりました。今では夫と一緒に飲みに行ったり、手をつないだりすることもできています！

アドバイス

結婚したら、1人でがんばらなくてもいいんです。夫は、甘えて頼られることがとってもうれしいんですから、うまく頼っちゃえばいいんです。ただ、甘え方にもコツがあります。甘え方1つで、「痛いがんばり妻」か「しあわせ妻」になれるのかが決まっちゃうんです。

「痛いがんばり妻」は、人に何かを頼んだり、甘えたりするのが超苦手で、ぐっと我慢しちゃうことが多い妻。優しく言いたいと思っても、お願いをすると命令口調になったり、やってもらっても素直に感謝できなかったり……。心あたりありませんか？ 過去の私は、甘えられず、人に頼めず、人に感謝できず、そんなタイプでした。

一方、それとは真逆な「しあわせ妻」は、助けてほしいときは素直に「助けて」と言えるし、心から夫に感謝ができるので「ありがとう」と素直に言えます。

「痛いがんばり妻」と「しあわせ妻」の甘え方は、こんなに違います。この違いの原因は、「痛いがんばり妻」は「甘えてはいけない」という〝思考のクセ〟があるからなんです。「自分で解決しなくてはいけない」とか「人を頼ってはいけない」とも思っています。ですから、その〝思考のクセ〟を改善するだけでいいんです！

Oさんも1人でがんばりすぎたために、夫婦不仲になっていました。今回、Oさんの心を整え、〝思考のクセ〟の改善だけに集中することで、念願だった「ダンナさんと手をつなぐ」が実現できたのです。甘えるって悪いことじゃないんです。みなさんもぜひ、甘え上手な「しあわせ妻」になってくださいね！

「夫を信じきれなくて不安がよぎる」のをやめたい。

Kさん
40代女性

相談者の声

夫には過去に浮気疑惑があり、問題をはっきりさせないまま再構築を選びました。しかし、どうしても夫を信じきれず、不安です。もう過去のことだからと終わりにして、前に進みたいのにできません。どうしたらよいでしょう……。

アドバイス

Kさんが「夫が浮気をしていたかも」と気づいたときの衝撃、悲しみ、つらさ、夫への怒り……。当時はだれにも打ち明けられず、1人で苦しんで、傷ついたのでしょう。そのため、Kさんの心は傷ついた当時のまま。ふだんは気がつかないふりをして忘れているけれど、ふっと思いだして涙することも。そんなときは我慢せず、思い切って泣いてください。泣くことで心が浄化され、傷口が少しずつ閉じていきます。安心してください。マイナスの感情は、自分で気づいて感じてあげたら消えていきます。時間がかかるかもしれませんが、少しずつ、自分で自分の傷口を治すことができるはずです。

また、長年「夫のことを信じたいけど、信じられない」という思いがあるのなら、それはもしかしたら表面上の意識では「夫を許して、仲よくなりたい」と思っていても、無意識ではまだ夫を許しきれておらず、「信じないほうがいい」という否定的感情があるのかもしれません。

まずは、当時の感情を解放してあげてください。当時の感情を解放してあげることで、夫の浮気疑惑は、完全に過去になります。「あ〜、そんなことがあったなぁ」という感覚になれたら、もう大丈夫。夫を信頼して、夫婦2人で仲よく暮らしていけるようになります。

「どうしてこんな人と結婚してしまったんだろう」と思っていたのに。

Yさん
50代女性

相談者の声

以前は、夫の行動がまったく理解できなくて、いちいち腹が立っていました。でも、夫には夫の考え方がある、私と違うのはあたりまえと思うようになれたおかげで、夫に対してトゲトゲしていた気持ちがグンと減りました。

そんなこともあって、気がつくと「夫に愛されてたんだ！」と思えるようになり、今まで以上に感謝できるようになりました。そして、夫の愛を素直に受けとりたいと、心から思えるようになったんです。その結果、今までは夫だけが私たち夫婦は仲がいいと思っていたのが、私も仲がいいと思えるようになりました。

アドバイス

Yさんの心の変化に気づいていただけましたか？　めっちゃ変わりましたよね！　まず、夫と自分を分けて考えることができるようになりました。これは普通のことのようで、夫婦の場合、無意識のうちに「夫婦は一心同体」と思っていたりして、ごっちゃになっていることが多いんです。それを分けて考えることができるようなったおかげで、いちいち腹が立つことがなくなってしまいました。

夫と自分を分けることができないと、自分の予想を超える行動や考え方をする夫を受け入れられなくなります。すると、「なんで？」「どうして？」という気持ちが強くなり、イライラが増してしまうのです。それを一歩引いて、「あー、そういう考え方もありだよね」って思えるようになったら、あなたが超ラクチン！

実際に夫との結婚を後悔していたYさんは、本当に夫婦仲がぐんぐんアップしちゃいました。そう、夫婦仲をアップさせるのは、意外とカンタンなのです。Yさんの場合も、自分の心の中を深く見ていっただけ。そして、〝思考のクセ〟を改善しただけなんです。

おわりに

私たちはたくさん学校で勉強してきました。知識はたくさん身につけてきましたが「夫婦をうまく継続させていく方法」は学んできていません。さらにいうと育児書はあるけれど、育児を夫婦で楽しむ方法も学んでいません。だから、迷って、困って、ぶつかってあたりまえなんです。

そうそう、もっと言うと自分のとり扱い方や、自分の感情との向き合い方も知らなすぎるのです。だから、自分ではどうしようもなくて、周りにイライラを撒き散らしたり、ぶつけたりしてしまう……、そんな方法しかできないんです。

自分自身を振り返ると、本当に恥ずかしいことばっかりしてたなぁ～って思い出します。ですが、私は夫婦関係に悩んだことで、本当に大きく成長することができました。あのときに、悩まなかったら今の私はありません。

あんなにひどい妻だったのに、ひどい母だったのに逃げずにいてくれた、夫や子どもたちに感謝しかありません。本当にありがとうと心から言いたいです。

ですから、今、夫婦関係に悩んでいるあなたは大きく成長するチャンスなんです。私のように何年かして、悩んでいたことに感謝する日がきます。物事には必ず二面性（陰と陽）があります。今悩んでいることも必ず、あなたの心の肥やしになります。それを信じ、逃げずに、真摯に自分と向き合ってくださいね。

最後にみなさんに伝えたいことです。

あなたがあなたの人生を幸せにしてあげてください。あなたがあなたの人生の創造主なんです。あなたの人生はあなたが主人公なのです。夫が〇〇だから、子どもが〇〇だし……、という夫やまわりの人を主語にするのはもうやめましょう。自分を主語にして「自分がどうしたいか」「自分がどうなりたいか」で生きていいんです。

つまり**世話を焼きすぎなくていいってことです。**

家事を1人でがんばらなくてもいいってことです。

あなたが背負っていた、夫の分の責任、子どもの分の責任を本人に返し、あなたが自分に「自分で自分を幸せにする」と決めた途端、すべてが変わります。夫はもちろん、神ダンナとなり、お子さんも精神的に自立していきます。

私はここまで、ずっと夫婦関係を改善する方法をお伝えしてきました。それでもやはり離婚したほうがいい夫婦もいます。それは命に関わるようなDVの場合です。該当する人は、今すぐに「命を守る」ことを最優先にしてください。そしてすぐに精神的なケアを受けてください。理由はどんな場合でも、夫婦間に起きている問題は、2人に責任があるからです。DV夫だけのせいでDVが起きているのではなく、妻側にも要因があるのです（要因です、妻が悪いと言っているのではありません）。その要因を精神的ケアで改善する必要があります。

ですが、それ以外は、私は夫婦関係は変えることはできる！　神ダンナはだれのもとにもやってくると断言しちゃいます。

本書を手にとって、最後まで読んでいただいたみなさま、本当にありがとうございました。夫婦仲を改善しよう！　と努力するあなたの姿は本当に素晴らしいです。

あなたは今、成長の過程。必ず変わることはできるのです。
くり返して言います。大丈夫、神ダンナはだれのもとにもやってきます。
そのための一番の方法は、あなたが自分で自分を幸せにしてあげて、心からの笑顔でいられるようにしてあげることです。
あなたが笑顔でいるだけで、すべてが変わります。

これからの夫婦仲、家族関係、人生があなたの望む方向に向かうよう、応援しています。

２０２５年4月吉日　庭田真理子

庭田真理子（にわたまりこ）

AIP認定NLP（＝神経言語プログラミング）マスタープラクティショナー、MERプラクティショナーコース卒業。コーチ歴6年。子育て支援センターで子育てや夫婦関係に悩む女性を対象とした相談業に15年従事し独立。年間300回の夫婦ケンカをしてきた自身の苦しい経験をもとに、現在に至るまで1万人以上の女性を笑顔にしてきた。インスタフォロワー5.1万人

インスタグラム　@kamidan_mariko
note　https://note.com/marikocoach
ブログ　https://ameblo.jp/adarutochirudoren/
YouTube　https://www.youtube.com/@kamidan_mariko

STAFF

装丁・本文デザイン　菅谷真理子（マルサンカク）
まんが・イラスト　のいぷらこ
執筆協力　石森康子
校正　鷗来堂
企画編集　望月久美子（日東書院本社）

神ダンナのトリセツ
「結婚したのに幸せでない」と感じるすべての妻に！

2025年4月15日　初版第1刷発行

著　者　庭田真理子
発行者　廣瀬和二
発行所　株式会社日東書院本社
〒113-0033
東京都文京区本郷1丁目33番13号 春日町ビル5F
TEL：03-5931-5930（代表）
FAX：03-6386-3087（販売部）
http://www.TG-NET.co.jp

印刷・製本所　中央精版印刷株式会社

ISBN978-4-528-02461-8 C0030